WAS JETZT ZU TUN IST

Hannes Androsch

Für
Peter Huemer
mit besten
Wünschen
Hannes Androsch
Wien, September 2020

HANNES ANDROSCH

WAS JETZT ZU TUN IST

in Zusammenarbeit mit Bernhard Ecker

Brandstätter

Den nächsten Generationen gewidmet,
auf dass sie Antworten auf die großen
Fragen ihrer Zeit finden.

Inhalt

EINLEITUNG

Aus Krisen lernen: Wiederaufbau und „Generation Corona"

Eines der großen Leitmotive Österreichs ab 1945 war der Wiederaufbau. Ein Land in Trümmern, eine Wirtschaft in Auflösung, eine zerschundene Bevölkerung aus Ausgebombten, Ausgehungerten, Heimkehrern, Vertriebenen, Perspektivlosen – wie aus dieser Situation jemals wieder Zukunft und Miteinander entstehen sollten, war am Ende des Zweiten Weltkriegs auch den größten Optimisten ein Rätsel. Bürgerkriegsähnliche Zustände und jahrelanges, ja Jahrzehnte währendes Elend schienen ebenso im Bereich des Möglichen wie ein Wiederaufstieg im Geist des Zusammenhalts.

75 Jahre nach Gründung der Zweiten Republik wird wieder von Wiederaufbau und Zusammenhalt gesprochen, es werden europaweit Pläne für die Wiederbelebung der Wirtschaft gewälzt. Zum Jubiläum Ende April gab es weder Feste noch sonstige Feierlichkeiten, weil Großveranstaltungen in der Corona-Krise grundsätzlich verboten waren. Mit der Covid-19-Pandemie wurde uns nicht nur die Verletzlichkeit unserer als selbstverständlich angesehenen Zivilisation vor Augen geführt. Die Krise und ihre Folgen werden

nicht einfach wieder verschwinden. Mit ihnen hat eine neue Zeitrechnung, die „Zeit danach", begonnen.

Natürlich ist es kein Krieg, der gegen das Virus geführt wurde und wird, wie forsche Politiker uns weismachen wollen. Daher ist auch die Analogie zum Wiederaufbau und den großen wirtschaftlichen Hilfsprogrammen der Nachkriegszeit unscharf. Dennoch ist klar, dass 2020 eine Zäsur ungeahnten Ausmaßes darstellt. In einer ganzen Reihe von europäischen Ländern schrumpft die Wirtschaft so stark wie seit der Weltwirtschaftskrise 1929 nicht mehr, in Österreich voraussichtlich um minus acht Prozent. Eine Rückkehr zur „alten Normalität" wird es nicht geben. Gefragt sind jetzt Ideen für eine „neue Normalität" – und die Erinnerung daran, dass dieses Land vor einem Dreivierteljahrhundert aus der größten Katastrophe auferstand, die Europa und die Welt bis dahin gesehen hatten: dem Zweiten Weltkrieg.

* * *

Dieses Buch setzt fort, was mit meinem 2013 erschienenen Buch *Das Ende der Bequemlichkeit* begonnen wurde. Damals ging es um eine Mahnung an die österreichische Politik, aufgrund von Versäumnissen in zentralen Bereichen nicht den Anschluss zu verlieren. *Was jetzt zu tun ist* ist der Versuch einer Gebrauchsanweisung, wie diese Blockaden, die unser Land lähmen, zu lösen sind, verbunden mit einem ganz konkreten Blick in die Zukunft, der die aktuellen Problemlagen und Herausforderungen fokussiert. Selbst das voluminöseste Rückhaltebecken nützt nichts, wenn der Abfluss verstopft ist. Wir wissen zwar längst, was zu tun wäre, sind aber nicht willens oder auch fähig, es auch zu tun.

National, europaweit und noch mehr global wurden Zusammenarbeit und Kooperation in den letzten Jahren durch nationale Egozentrismen bis hin zu Feindschaft und Renationalisierung ersetzt. In Österreich führte xenophobe und klientilistische Polarisierung zunehmend zur Spaltung des politischen Lebens und der Gesellschaft. Ein Indikator dafür ist die Tatsache, dass wir zwischen 2016 und 2020 schon die fünfte Regierung haben. Unser europafeindliches Verhalten hat uns innerhalb der Europäischen Union zum Außenseiter gemacht. Die gar nicht mehr so schleichende Orbánisierung, zum Ausdruck gekommen in unnötigen legistischen Maßnahmen, stellt zunehmend unsere Grundrechte in Frage, wie der Verfassungsgerichtshof festgestellt hat.

Österreichs Weg der Pandemiebekämpfung darf, mit einigen Monaten Abstand betrachtet, bisher als gesundheitspolitisch erfolgreich gelten, vor allem dank seiner hervorragenden Spitäler und Altenpflegeeinrichtungen, insbesondere in Wien. Dennoch hat der Umgang mit der Krise Fehlentwicklungen in unerwarteter Dichte zum Vorschein gebracht. Autoritäre Maßnahmen wie etwa die gesetzwidrige Schließung der Bundesgärten in Wien während des Shutdowns, die gerichtlich wieder aufgehobenen drakonischen Strafen für Spaziergänger oder der vehemente Wunsch von ÖVP-Politikern nach Handyüberwachung zeigen, wie dünn das Eis der Demokratie ist, wenn sich die Gelegenheit zur Notmaßnahme bietet. In Ischgl hat man dagegen wochenlang Missbrauch geduldet. Bevor die Regierung dann drastische Maßnahmen setzte, wurde noch schnell der Rechtsanspruch auf Entschädigung im Epidemiegesetz ausgehebelt. Bei Sebastian Kurz' Auftritt im Kleinwalsertal Mitte Mai wurde deutlich, dass die für alle anderen rigoros ausgelegten Regeln nicht mehr gelten, wenn es der eigenen Heldenverehrung dient.

> Durch die extrem bürokratischen und zu langsamen Hilfen hat man ein langsames Ausbluten der heimischen Volkswirtschaft riskiert.

Die so genannten Hilfsinstrumente, ohnehin im Verhältnis deutlich geringer dimensioniert als in Deutschland und in der Schweiz, waren von Beginn an stumpf. Bis Mitte August 2020 sind nach wie vor erst rund zehn Prozent der in Aussicht gestellten 50 Milliarden Euro ausbezahlt. Zum Vergleich: In der Schweiz waren schon nach wenigen Wochen 15 Milliarden Franken in der Wirtschaft und 271 Millionen Franken bei den Kunstschaffenden angekommen. Die staatlichen Garantien für Hilfskredite sind in Österreich so formuliert, dass sie praktisch wertlos sind. Durch diese extrem bürokratischen und zu langsamen Hilfen für in Not geratene Unternehmen hat man ein langsames Ausbluten der heimischen Volkswirtschaft riskiert. Es fehlen nach wie vor ein überzeugendes und rasch wirksames Konjunkturpaket – Deutschland hat noch vor dem Sommer ein

130-Milliarden-Euro-Paket auf den Weg gebracht – sowie ein großes mittelfristiges Zukunfts- und Modernisierungsprogramm, um das deutlich verlangsamte Innovationstempo wieder zu beschleunigen.

Die neuen, in der Regel extrem jungen Machthaber haben gelernt, wie man mit Zinnsoldaten spielt, aber nicht, wie man eine Schlacht schlägt. Dieses Krisenmanagement ist eine Gefahr für die liberale Marktdemokratie und den Rechtsstaat.

Almosenpolitik für die von den wirtschaftlichen Folgen besonders hart Getroffenen passen zu dieser Auffassung von Politik. Angst statt Aufklärung und Bittstellerei statt Hilfsanspruch wirken vielleicht kurzfristig, schädigen aber langfristig sowohl das Wirtschaftsleben und das Bildungswesen als auch die Demokratie.

Statt auf europäischer Ebene gemeinsame Wege zu beschreiten, wurde bei jeder Corona-Pressekonferenz unzutreffend das Mantra „Wir sind besser als die anderen Länder" wiederholt. Aus parteipolitischen Gründen vermied man den Schulterschluss in Form eines nationalen Krisenstabs. Diese Haltung manifestierte sich auch in den lange blockierten Bemühungen, als Teil der EU Lösungen für die durch die Krise besonders in Not geratenen Staaten wie Italien, Spanien und andere zu finden. Das chaotische Grenzöffnungsmanagement erfolgte zunächst einzig nach nationalistisch-egoistischem Muster.

Es lohnt sich deshalb an diesem kritischen Punkt der Entwicklung noch einmal zu rekapitulieren, warum der

Wiederaufstieg nach 1945 geglückt ist – und was davon 75 Jahre später beherzigt werden sollte.

* * *

Die Zweite Republik nahm ihren Anfang am 27. April 1945 mit der „Proklamation über die Selbständigkeit Österreichs", mit der die militärische Annexion, also der „Anschluss" an das Deutsche Reich vom 13. März 1938, für null und nichtig erklärt wurde. Zum damaligen Zeitpunkt befanden sich noch weite Teile des Landes unter der Herrschaft des im Untergang befindlichen Hitler-Deutschlands. Im Konzentrationslager Mauthausen sowie seinen zahlreichen Nebenlagern wurden im Namen des Nationalsozialismus noch immer Menschen ermordet. Erst mit dem völligen Zusammenbruch der Nazi-Diktatur und dem Ende des Zweiten Weltkriegs in Europa am 8. Mai 1945 fand das Morden auch in diesen Landesteilen Österreichs ein Ende.

Wer damals durch Wien streifte, sah eine Stadt in Trümmern, hungernde Menschen, viele ohne ein Dach über dem Kopf, aber auch schon die ersten, die damit begannen, den Schutt wegzuräumen und Straßen freizulegen. Es herrschte großer Mangel an Lebensmitteln, die rationiert waren, und an Heizmaterial.

75 Jahre später ist Wien einer der Amtssitze der Vereinten Nationen und gilt als die lebenswerteste, sicherste und grünste Stadt der Welt. Dass dieses zerstörte Österreich in den nächsten Jahrzehnten zu einem der wohlhabendsten

Länder der Welt werden würde, wagte in diesen Tagen niemand auch nur zu hoffen. Der wirtschaftliche und soziale Aufstieg in der zweiten Hälfte des 20. Jahrhunderts war nicht nur einzigartig, sondern unerwartet und unerwartbar. Das wird umso deutlicher, wenn man von 1945 noch einmal 75 Jahre zurückgeht: 1870/71 wurden mit dem Deutsch-Französischen – genau genommen: preußisch-französischen – Krieg und der Ausrufung des Deutschen Kaiserreiches im Spiegelsaal von Schloss Versailles die Karten in Mitteleuropa völlig neu gemischt. Die Feindschaft zwischen Frankreich und Deutschland wurde auf Jahrzehnte hinaus zum bestimmenden Faktor der Außenpolitik dieser beiden Länder und damit für ganz Europa.

Österreich, das nach der Schlacht bei Königgrätz 1866 aus dem Deutschen Bund hinausgedrängt wurde und sich als Österreich-Ungarn Richtung Südosten gewandt hatte, befand sich in den letzten Jahrzehnten seines Bestehens in einem Dauerkrisenmodus. Nach dem Ersten Weltkrieg stand auch die Erste Republik, ausgerufen am 12. November 1918, von Beginn weg unter keinem guten Stern. Aus dem Vielvölkerstaaat wurde ein Rumpfstaat mit 6,5 Millionen Einwohnern. Von außen erzwungen, von politischen Parteien geschaffen, aber von diesen ebenso wenig geliebt wie von weiten Teilen der Bevölkerung, blieb diese Erste Republik auf der Suche nach seiner Identität allein auf die Identifikation mit dem jeweils eigenen politischen Lager beschränkt. Die tragischen Konsequenzen zeigten sich spätestens ab 1927 mit dem Brand des Justizpalastes und gipfelten 1933 in der so genannten „Selbstausschaltung" des Parlaments, d.h. der nach einem Putsch errichteten ständestaatlichen Diktatur unter Dollfuß und Schuschnigg, und im Bürgerkrieg vom Februar 1934. Erst ganz am Schluss, als die junge Republik von Adolf Hitler bedroht wurde, entwickelten doch noch viele Österreicherinnen und Österreicher eine Treue zu ihrem Land, die größer war als die Treue zu ihrer politischen Gesinnungsgemeinschaft.

Nach sieben Jahren NS-Diktatur, dem Zweiten Weltkrieg und der Shoah war dann auf Grundlage der damit verbundenen Erfahrungen der Grundstein für die Identitätsstiftung der Österreicher gelegt. Zudem bewirkte die Tatsache, dass sich viele österreichische Politiker aus allen politischen Lagern in nationalsozialistischen Konzentrationslagern wiedergefunden hatten, einen Gesinnungswandel. In Dachau und anderen NS-Schreckensorten hatte sich die spätere Führungsgarnitur der Zweiten Republik als Gefangene getroffen: Leopold Figl, Alfons Gorbach, Franz Olah, Fritz Bock, Rosa Jochmann, Karl Seitz und viele andere. 1945 war die Bereitschaft zu einem Neubeginn im Zeichen eines politischen Pragmatismus gewachsen, der sowohl das Lagerdenken überwand als auch den Glauben an die Lebensfähigkeit Österreichs propagierte. Das war für Bundespräsident Karl Renner auch der Grund, 1946 erstmals der Ostarrichi-Urkunde zu gedenken, jenem Dokument, das 950 Jahre zuvor die Schenkung eines Grundstücks bei Amstetten an das Kloster Freising bestätigte. Die erstmalige Nennung des Namens „Österreich" sollte das Nationalbewusstsein stärken und die junge Republik legitimieren.

Wenige Zahlen können den danach einsetzenden, spektakulären Wohlstandszugewinn verdeutlichen: Bei einer Einwohnerzahl von 6,5 Millionen gab es im Jahr 1945 in Österreich ca. 10.000 PKWs, derzeit sind es 5,5 Millionen bei rund 8,9 Millionen Einwohnern. Die Zahl der Telefonanschlüsse lag damals bei 175.000, heute gibt es in Österreich mehr als sieben Millionen Mobiltelefone.

Doch der erfolgreiche Weg nach 1945 geschah nicht auf jener „Insel der Seligen", von der Papst Paul VI. im Jahr 1971 in Bezug auf Österreich gesprochen hatte. Der Erfolg war vielmehr sowohl dem günstigen Umfeld geschuldet, etwa der massiven Unterstützung durch den Marshallplan ("European Recovery Program") der Amerikaner, der Wirkung des Korea-Kriegs und dem großzügigen Schuldenerlass von 1953, als auch Ergebnis eigener Anstrengungen und der stabilisierenden Wirkung der Sozialpartnerschaft, die sich beispielsweise in der geringen Anzahl von Streiktagen niederschlug. All dies hat bis 1975 zu einem wachstumsstarken „Goldenen Zeitalter" geführt, in Deutschland „Wirtschaftswunder" genannt.

Gleichzeitig aber gab es Hindernisse auf diesem Weg, denn der Eiserne Vorhang und die damit verbundene Abtrennung von unseren östlichen Nachbarn bedeutete, am Rand des aufblühenden Westeuropa platziert zu sein und kaum Austausch mit den ehemaligen Kronländern der Habsburgermonarchie entfalten zu können. Eine weitere massive Bremse waren die zehn Jahre Besatzungszeit – ein Ergebnis der Tatsache, dass Österreich als Teil der so genannten „Deutschen Frage" betrachtet wurde. Deutschland sollte Mitteleuropa stabilisieren und durfte deshalb nicht zu schwach sein – aber auch keinesfalls so stark, um noch einmal die Hegemonie über den Kontinent zu erlangen. „Die Amerikaner drinnen, die Russen draußen, die Deutschen am Boden" – so formulierte es der erste Generalsekretär der NATO, Lord Ismay.

Die Geschichte der Zweiten Republik ist in Summe also eine Erfolgsgeschichte, jedoch eine, die sich nicht von selbst fortschreibt und tatsächlich vor etwa zwei Jahrzehnten ins Stocken geraten ist. Wir zehren von der Substanz, in den eindrucksvollen wirtschaftlichen Eckdaten sind keine Garantien für die kommenden Jahrzehnte enthalten. Beharrung, Erstarrung, Besitzstandsverteidigung und als Folge teilweise sogar Rückschritt prägten die letzten zwanzig Jahre, und dies, obwohl gerade Österreich in besonderem Maße von der Ostöffnung ab 1989, der 1995 erreichten EU-Mitgliedschaft und der Osterweiterung der Union ab 2004 profitiert hat. Unbestritten waren diese Jahre eine Zeit massiver Umwälzungen, dramatischer Veränderungen und auch neuer Gefahren – doch inzwischen sind wir im Mittelfeld steckengeblieben, in manchen Bereichen sogar deutlich zurückgefallen. Und das kann keine Option sein.

• • •

Es gibt unzählige Wettbewerbsrankings: zur Qualität des Wirtschaftsstandorts, zur Innovationsdynamik, zur Klimapolitik. Diese Rankings sind keine absolute Instanz. Letztlich entscheiden der Mix und die Gewichtung der verwendeten Kriterien über ihre Aussagekraft. Wenn wir jedoch weiterhin eine kleine offene Volkswirtschaft bleiben wollen, die Touristen aus aller Welt anlockt und deren Unternehmen Produkte und Dienstleistungen auf den Weltmärkten verkaufen wollen, müssen wir uns dem Wettbewerb stellen und jene Faktoren ernst nehmen, bei denen es hakt. Die anerkanntesten Rankings sind deshalb valide Standortbestimmungen in einem kompetitiven Umfeld und geben Hinweise darauf, wo es Verbesserungsbedarf gibt.

> Es ist vor allem das sich verschlechternde Verhältnis zwischen Input und Output im Forschungsbereich, das uns Sorgen bereiten muss.

Verbessert hat sich in den letzten zehn Jahren – Daten aus der Post-Corona-Zeit gibt es noch nicht – wenig. Insgesamt weisen diese Ranglisten nur mittlere, für ein Hocheinkommensland wie Österreich ungenügende Platzierungen aus; oft auch Verschlechterungen. Der jährlich erscheinende *Monitoring Report* der Wirtschaftskammer Österreich, der Österreichs Performance in über 150 internationalen Rankings zusammenfasst, zeigt einen deutlichen Abwärtstrend.

Im *World Competitiveness Report* des Schweizer International Institute for Management Development (IMD) lag unser Land 2007 auf Rang elf, heute auf Rang 19. Wir sollten uns auch nicht damit zufriedengeben, dass Österreich in der aktuellen Ausgabe des wichtigsten EU-Innovationsrankings auf Platz neun verharrt, obwohl die Briten inzwischen ausgeschieden sind – 2009 hatten wir noch Platz sechs inne. Bei Digitalisierung, Roboterisierung und der Anwendung von Künstlicher Intelligenz (KI) sind wir ein Entwicklungsland, weil wir weit entfernt von einem flächendeckenden Glasfaser- oder 5G-Netz sind. Bei der durchschnittlichen Geschwindigkeit von Festnetz-Internet liegen wir laut dem Speedtest Global Index weltweit auf dem 55. Platz – hinter Barbados, Malaysia und Moldawien.

Es ist vor allem das sich verschlechternde Verhältnis zwischen Input und Output im Forschungsbereich, das uns Sorgen bereiten muss, weil die unweigerliche Folge eine verringerte Innovationsdynamik in Österreich ist. Innerhalb unserer Gesellschaft sind wir von einem Regulierungswahn, Vorschriftendschungel, Kompetenzwirrwarr und – als Folge – überbordender wie hemmender Bürokratie erfasst. Die Ausgaben für Forschung und Entwicklung im Verhältnis zum Bruttoinlandsprodukt haben wir zwar auf einen Rekordwert von 3,2 Prozent erhöht, den zweithöchsten Wert in der EU. Dennoch haben wir es nicht geschafft, zu den „Innovation Leaders" aufzuschließen, weil es vor allem zu wenig Mittel für die Universitäten und die Grundlagenforschung gibt. Die öffentlichen Ausgaben für das Bildungssystem betragen vergleichsweise hohe 5,5 Prozent – in internationalen Leistungsvergleichen sind die österreichischen Schüler aber weit entfernt von der Spitze. Beim PISA-Test der OECD 2015 erreichten wir 492 Punkte, dem stehen Bildungsausgaben – laut einer Untersuchung des

Wirtschaftsforschungsinstituts Eco Austria – von kauf-
kraftbereinigt 9.373 Euro je Schüler gegenüber. Finnland erreichte 523 Punkte bei Gesamtausgaben von nur 7.733 Euro,
die Niederlande immerhin 508 Punkte mit 8.273 Euro pro
Schüler. Dieses Differenzial hat sich 2018 nur geringfügig
verkleinert. Die Annahme, dass viel zu viel des eingesetzten
Geldes in den Strukturen versickert, bevor es die Schüler
und Studierenden erreicht, liegt nahe.

Pro Einwohner geben wir für die Verwaltung pro Jahr 822
Euro aus, Personal- und Sachaufwand zusammengenommen.
Bei der Qualität der öffentlichen Verwaltung nach dem WGI-
Index der Weltbank liegt Österreich mit einem Indexwert von
1,44 jedoch lediglich im oberen Mittelfeld. Dänemark gibt
557 Euro pro Kopf und Jahr aus, also um 265 Euro weniger,
kommt aber auf einen Wert von 1,67.

> Wir sind Meister im Konservieren von Strukturen geworden.

Zur Ineffizienz der Verwaltung trägt auch die Länderebene bei.
Die Bundesländer sind historisch gewachsen und haben als
regionale Ankerpunkte der Identität sicher ihre Berechtigung,
aber im Lauf der Jahrhunderte ist ein Zuständigkeitswirrwarr
entstanden, der das Ganze bremst. Jeder Versuch einer Föde-
ralismus- und Staatsreform ist aber bislang gescheitert.

Das Bundesheer kann wegen Unterfinanzierung keinen
Output liefern: Wir haben zu wenige Unterkünfte, unzurei-
chende Bekleidung, einen Mangel an Fahrzeugen. Oder wie

es der Kurzzeit-Verteidigungsminister Thomas Starlinger, Mitglied der Übergangsregierung Bierlein, 2019 gesagt hat: „Das Heer ist pleite, aber wir machen quasi eine Mobilmachung." Die völlig unnötige Einberufung der Miliz in der Corona-Krise passt in dieses Bild des politischen Missmanagements. Untertroffen wurde diese Sinnlosmaßnahme nur noch vom darauffolgenden chaotischen Versuch einer ohnehin verfassungswidrigen Heeresreform.

Wir sind Meister im Konservieren von Strukturen geworden. Aber wenn man will, dass alles so bleibt, wie es ist – das hat schon der italienische Schriftsteller Giuseppe Tomasi di Lampedusa gemeint –, dann muss man alles ändern. Und genau das tun wir nicht. Vom Bundeskanzler bis zur Gewerkschaft und Arbeiterkammer wird etwa verkündet, die Pensionen seien sicher. Das mag stimmen, aber es geht auf Kosten des Bundesbudgets und damit zu Lasten der Zukunftsaufgaben. Fast ein Viertel der Gesamtausgaben des Bundesbudgets sind Pensionszuschüsse. Seit 1978 wird der demographische Wandel, also das Altersbeben einer immer älter werdenden Gesellschaft, jedoch negiert, Reformen scheitern oft am Njet der Gewerkschaften. Di Lampedusa würde sagen: Wenn die Pensionen sicher sein sollen, muss sich das Pensionssystem ändern.

In diesem Zusammenhang wird man fragen müssen: Wohin sind eigentlich die 62 Milliarden Euro Zinsersparnisse – das ist in etwa ein durchschnittliches Jahresbudget – der sieben ÖVP-Finanzminister seit 2010 gekommen, die nicht aufgrund eigener Leistung, sondern einzig aufgrund der Niedrigzinspolitik der Zentralbanken zustande gekommen sind? Gilt es schon als politische Leistung, ein unerwartetes Geldgeschenk im Budget versickern zu lassen?

Wir sind mit Skandalen und Personalien derart beschäftigt, dass für echte Reformen keine Zeit bleibt. Es aber so zu machen, wie man es schon immer gemacht hat, wird zielsicher zum Niedergang führen. Und selbst wenn man will, dass alles so bleibt, wie es ist, muss man sich penibel auf die Risiken der Zukunft vorbereiten, um gegensteuern zu können. Auf beschämende Weise haben jedoch die letzten Monate klar gemacht, dass wir auf wesentliche Katastrophen wie Pandemien, Blackouts oder Cyberattacken unzureichend vorbereitet sind. Erst jetzt sind entsprechende gesamtstaatliche Krisen- und Katastrophenpläne in Ausarbeitung, obwohl sich diese Gefahr – wie im Fall von Corona – seit 20 Jahren angekündigt hat, von Sars über Mers über die Vogelgrippe bis Ebola. SARS-CoV-2 hat hoffentlich auch den Sinn dafür geschärft, dass Biowaffen Verheerendes anrichten könnten.

Dieses Zurückfallen in so vielen Bereichen rächt sich nun umso mehr, als die nötigen Mittel zum Wiederhochfahren der Wirtschaft den Investitionsspielraum anderswo einengen werden. Die Versäumnisse der letzten Jahrzehnte werden auf uns zurückfallen, wenn wir nicht schnell handeln. Denn das „Geschäftsmodell" der österreichischen Volkswirtschaft – wie vieler anderer auch – steht zur Disposition.

Die Folgen werden Geschäftsschließungen, Insolvenzen, ein Anstieg des schon davor überhöhten Arbeitslosensockels bei gleichzeitigem Arbeitskräftemangel sein, von Erntehelfern über Pflegepersonal bis zu Informatikern. Unter solchen Umständen werden auch die sozialen Spannungen zunehmen, damit wächst die Gefahr grundrechtsgefährdender, autoritärer Tendenzen.

• • •

Mit dem Fall des Eisernen Vorhangs und dem EU-Beitritt beschritt Österreich endgültig den Weg hin zu einer wirtschaftlichen Öffnung. Viele Betriebe – wie in der Autozuliefer- und Elektronikindustrie – sind inzwischen Teil von globalen Produktionsketten. Im *Globalisierungsindex* der ETH Zürich, der von der Schweiz angeführt wird, rangiert Österreich unter den Top 5 von 185 untersuchten Ländern.

Dieses Modell ist spätestens seit der Entscheidung der Briten für einen Brexit und der Wahl von Donald Trump zum Präsidenten der USA, beides im Jahr 2016, erschüttert worden. Die darauffolgenden Trump'schen Handelskriege, allen voran mit der konkurrierenden Weltmacht China, haben auch die österreichischen Außenhändler mit Handelszöllen und anderen Beschränkungen konfrontiert.

Mit der Corona-Krise bekommt die Exportwirtschaft zusätzliche Hürden in den Weg gestellt. Erst war es die Abriegelung chinesischer Provinzen und Häfen, die ab Februar 2020 zur massiven Störung der transkontinentalen Lieferketten geführt hat. Dann erfolgten Reisebeschränkungen zu und von den hauptbetroffenen Ländern, zuletzt auch innerhalb Europas und Richtung USA. Der Nachschub an Vorprodukten kam auf breiter Front ebenso ins Stocken wie der grenzüberschreitende Einsatz von Personal. De facto war der Flugverkehr für drei Monate völlig stillgelegt. Für eine Erholung wird er Jahre benötigen.

Die Krise hat mit Sicherheit auch negative Seiten der weltweiten Arbeitsteilung aufgezeigt. Aus Kostengründen haben wir die Globalisierung in wichtigen Bereichen übertrieben. Dass die Produktion von Wirkstoffen für bestimmte Medikamente in China und Indien konzentriert ist, ist eine Fehlentwicklung. Für den Pandemiefall muss die schnelle und sichere Verfügbarkeit von Schutzkleidung und -masken sowie von Beatmungsgeräten sichergestellt werden. Das geht wahrscheinlich nur, wenn die Herstellung versorgungskritischer Produkte wieder näher an die Abnehmerländer gebracht wird.

Und ja, das Tempo früherer Globalisierungswellen hat die Welt überfordert: Laut Philip Coggans lesenswerter Welt-Wirtschaftsgeschichte *More* sind allein zwischen 1996 und 2000 die ausländischen Direktinvestitionen weltweit um 40 Prozent pro Jahr gestiegen. Damit kamen Kapital, Menschen und Interessen in bisher ungekanntem Ausmaß in Bewegung. Diese Überhitzung hat im Zusammenspiel mit der Deregulierung des weltweiten Finanzsektors und seiner Casino-Gesinnung direkt in die große Weltfinanzkrise von 2008 geführt.

Dennoch dürfen wir das Kind nicht mit dem Bade ausschütten. Dass die neue Chefökonomin der Weltbank, Carmen

Reinhart, von Covid-19 als „letztem Sargnagel der Globalisierung" spricht, klingt dramatisch. Das Ende ist aber noch lange nicht besiegelt. Vor allem: Die Globalisierung zu beerdigen hieße, den Wohlstand, wie wir ihn kennen, zu beerdigen.

Es hat in der Geschichte immer schon Handelsbeziehungen gegeben, die weit über die Region hinaus gereicht haben: Salzstraßen, Weihrauchstraßen, Bernsteinstraßen, Seidenstraßen. Mit der Seeschifffahrt und später der Luftfahrt hat sich diese Entwicklung intensiviert. Inzwischen sind wir im „Global Village" angekommen. Es gab auch immer wieder das Gegenkonzept der Autarkie, das von der Sowjetunion praktiziert wurde, von Nehru in Indien oder von Mao in China. Dieses Gegenkonzept hat verlässlich in Mangel und Armut geendet.

Die Corona-Krise hat uns gezeigt, wie verletzlich wir sind, wenn wir die Grenzen auch nur vorübergehend schließen. Was wären wir ohne den Tourismus mit den zuletzt über 150 Millionen Nächtigungen pro Jahr, von denen 113 Millionen ausländischen Gästen zu verdanken sind? Was ohne die Möglichkeiten, unser Holz oder unsere Maschinen zu exportieren? Rund die Hälfte unserer Wirtschaftsleistung hängen an den Ausfuhren und am Tourismus. Wollen wir auch 50 Prozent unserer Arbeitsplätze opfern?

Rohstoffarme Binnenländer wie die Schweiz oder Österreich sind von der Globalisierung, und dazu gehört auch die europäische Integration, abhängig. Ohne Erholung der Weltwirtschaft haben es kleinere Länder schwerer, wieder auf die Beine zu kommen. Wir müssen deshalb darauf achten, dass wir gleichzeitig auf multilateraler Basis die Re-Globalisierung sicherstellen und nicht den Fehler de-globalisierender und isolationistischer Renationalisierung begehen, wie sie Nationalpopulisten inzwischen mehrerer Couleurs propagieren. Eine solche Entwicklung würde vor allem Europa gefährden, das in seine Einzelteile zerfallen würde. Wenn wir mehr Abschottung wollen, dann werden wir von unserem Wohlstand und von unserem Wohlfahrtsstaat Abschied nehmen müssen.

• • •

2020 stehen wir – allerdings auf einem wesentlich höheren Wohlstandsniveau – vor einer ähnlich schwierigen Situation wie nach dem Kriegsende vor 75 Jahren. Noch sind die endgültigen Auswirkungen des Corona-Flächenbrandes nicht in ihrer Gesamtheit abzusehen, doch eines ist klar: Weder im Alltagsleben noch in der Wirtschaft können wir zum bislang Gewohnten zurückkehren.

Die zahlreichen Hilfspakete, die geschnürt wurden, können wahrscheinlich das Schlimmste verhindern, wenn sie denn nur ausbezahlt würden – doch den wirtschaftlichen Rückgang können sie nicht aufhalten. Die vor uns liegenden Jahre werden langsameres Wachstum, möglicherweise zum Teil höhere Inflation und deutlich mehr Arbeitslose bringen, aber auch ein geändertes Reise- bzw. Urlaubs- und Konsumverhalten. Die Produktionsformen der Unternehmungen werden sich wandeln, um das Risiko zu engmaschiger Lieferketten und zu knapper Lagerhaltung sowie der damit verbundenen Verwundbarkeit zu reduzieren. Krisenpläne und -einrichtungen werden ebenso erhöhte lokale Aufmerksamkeit finden wie die Versorgung mit kritischen Medikamenten oder Schutzausstattungen. Roboterisierung, Künstliche Intelligenz, Blockchain und 3D-Druck werden verstärkt zur Anwendung kommen. Insgesamt wird sich die digitale Transformation beschleunigen, unter anderem im Bildungsbereich.

Eine weitere Lehre aus der aktuellen Krise: Es gibt Bereiche, aus deren Verantwortung sich der Staat nicht verabschieden und die er nicht einfach den Marktgesetzen überlassen darf. Sicherheit, Bildung, vor allem der Gesundheitsbereich zählen dazu. Der Staat als größtmögliche Risikogemeinschaft hat die Verantwortung, die Rahmenbedingungen für das Wohl seiner Bürgerinnen und Bürger zu gestalten. Natürlich ist jedes einzelne Krankenhaus wie auch das Gesundheitssystem insgesamt verpflichtet, kostenbewusst zu arbeiten; doch letztlich ist es der Sorge um die Bevölkerung verpflichtet, und diese erlaubt eben nicht die alleinige Orientierung an Kostenminimierung.

Psychologisch sind die Folgekosten der Krise noch nicht abschätzbar. Die inzwischen zur „Corona-Generation" gewordene Generation Z, also die ab den späten 1990er Geborenen, erfährt und erlebt am Beginn ihres Arbeitslebens eine in Unordnung gekommene Welt ebenso wie ganz konkret, am eigenen Leib, den Verlust von Selbstverständlichkeiten: von individuellen Freiheiten und existenzieller Sicherheit. Sie wird es schwerer haben, eine Lehre oder

Jobs zu finden – nicht nur die Lehrlinge, auch die Akademiker dieser Generation –, und sie wird geprägt sein von den Schicksalen vieler Unternehmer und Ein-Personen-Betriebe, die aufgeben müssen. Sie erlebt, dass unternehmerischer Mut zum Risiko durch ein Virus und durch zu langsam bereitgestellte Staatshilfe bestraft werden kann und dass der geschützte Sektor sich dagegen als vergleichsweise sicherer Hafen präsentiert. Es ist zu befürchten, dass diese Generation auch in ihrem eigenen Berufsleben vermehrt auf Nummer sicher gehen wird und wenig Neues wagt. Zu den vielen Unternehmen, insbesondere den Start-ups, die zusammenbrechen, werden am Ende jene zu zählen sein, die erst gar nicht gegründet werden. Es wird also noch mehr Unterlasser und noch weniger Unternehmer geben, weniger Gestalter und mehr Verhinderer.

* * *

Wie aber kann uns in dieser Situation der Blick zurück in jene Zeit nach dem Zweiten Weltkrieg helfen, als täglich ums Überleben gerungen werden musste?

Die Frühphase der Zweiten Republik lehrt uns, dass im Angesicht einer existenziellen Krise ideologische Auseinandersetzungen keinen Platz haben, vielmehr Zusammenhalt, Gemeinsinn und Solidarität anstelle polarisierender Selbstinszenierung gelebt werden müssen. Viren und die von ihnen ausgelösten Pandemien sind ebenso wenig nationale Phänomene wie viele andere Herausforderungen, vor denen wir stehen und von denen noch ausführlich die Rede ist. Zu ihrer Bekämpfung braucht es daher neben den notwendigen nationalen Maßnahmen immer auch die internationale Kooperation. Zu den gefährlichen Viren muss auch das Liquiditätsvirus, das Narzissmusvirus sowie das Geiz- und Neidvirus gezählt werden.

Wie wichtig Kooperation und Koordination in Zeiten globaler Krisen ist, beweist ein Blick in die Geschichte eindrücklich. Der Wiener Kongress 1814/15 brachte nach den napoleonischen Kriegen eine neue Weltordnung hervor, in der sich die Großmächte auf Grundprinzipien des Miteinander verständigten – das damals etablierte „europäische Konzert" war eine Art Vorläufer des Sicherheitsrats der Vereinten Nationen, konnte aber nach einem Jahrhundert die Spannungen zwischen den europäischen Nationen nicht mehr ausgleichen. Während nach dem Ersten Weltkrieg die Pariser Vorortverträge von 1919 in einem Desaster endeten, war die Neuordnung der Welt nach dem Zweiten Weltkrieg von Erfolg gekrönt.

Selbst nach der Implosion der Sowjetunion und im Angesicht des Aufstiegs Chinas wurde nach den großen externen Schocks des 21. Jahrhunderts die internationale Kooperation gesucht bzw. verstärkt, etwa nach den Terroranschlägen vom 11. September 2001, nach dem Tsunami im Indischen Ozean im Dezember 2004 oder nach der Finanzkrise 2007/08, als die G20 gegründet wurde.

Noch vor Corona ist diese Solidarität durch Machtansprüche Chinas und Russlands, vor allem aber durch einseitige Schritte der USA brüchig geworden: durch die Kündigung des

Pariser Klimaabkommens, des Iranabkommens, der Transpazifischen Partnerschaft (TPP) und diverser Rüstungsabkommen, durch den Austritt aus der Weltgesundheitsorganisation (WHO) und der Blockade der Welthandelsorganisation (WTO). Die in der Zwischenzeit angezettelten Handels- und Sanktionskriege schaden allen, auch den Urhebern.

So haben wir heute weder eine bipolare noch eine unipolare, aber auch keine multipolare Welt – sondern eine Welt ohne irgendeinen Pol. Damit ist sie aber ohne Führung, die angesichts der gewaltigen globalen Bedrohungen so notwendig wäre. Die USA befinden sich, das wurde in den Wochen der Pandemie und in den riesigen Protestwellen nach einer Serie brutaler Polizeigewalt gegen Afroamerikaner deutlich, in einer Art Kaltem Bürgerkrieg. Sie haben zwar nach wie vor die robustere Wirtschaft, die stärkere Währung, exzellente Forschungseinrichtungen und Universitäten sowie eine zwar bedrohte, aber noch immer unabhängige Justiz: Doch von der Weltordnung haben sie sich abgekoppelt, und es ist fraglich, ob ein bloßer Wechsel des Präsidenten diesen Prozess umkehrt. China und andere Länder wiederum koppeln sich mit einem eigenen Internet auf einer technologischen Ebene ab und gehen mit zunehmender Härte gegen all jene vor, die nicht ihre Vorstellungen akzeptieren. Die digitalen Überwachungsmöglichkeiten schöpft das kommunistische Regime in einem Umfang aus, der noch vor wenigen Jahren unvorstellbar war. Im Fernen Osten und in Osteuropa drohen damit Überwachungsstaaten zu entstehen wie im Westen der Überwachungskapitalismus privater Tech-Giganten.

Vielleicht können die Erfahrungen der Pandemie und der darauffolgenden globalen Wirtschaftsdepression die gefährliche Tendenz zum Auseinanderdriften ja noch umkehren. Was in der Geschichte oft erst nach Kriegserfahrungen gelang, könnte mit dem Corona-Schock in den Knochen gelingen: eine Verständigung auf gemeinsame internationale Spielregeln im Zeichen von Fairness, Solidarität und wechselseitigem Respekt.

Die Finanzkrise 2007/08 hat die Schwächen des internationalen Finanzsystems aufgezeigt. Heute ist das Bankwesen vor allem in Amerika, aber auch in Europa – wenngleich nicht in gleichem Maße – stärker als davor. Auch die Behandlung der Eurokrise 2012 hat Schwächen aufgezeigt, die zum Teil beseitigt wurden. Es muss alles dafür getan werden, dass wir auch aus den Corona-Erfahrungen die richtigen Schlüsse ziehen: für das Bildungswesen, für die Digitalisierung, für die Bekämpfung des Klimawandels, für unsere an die Wand gefahrene Wirtschaft, die robuster für externe Schocks gemacht werden muss, für unsere Rolle in Europa und Europas Rolle in der Welt. Darum soll es in diesem Buch gehen: Um einen Wiederaufstieg im Geist des Zusammenhalts, genau wie vor 75 Jahren. Und um Wachsamkeit, damit die Demokratie nicht langsam stirbt und endet.

1.

BILDUNG hat Vorrang

Alle Chancen für einen Neustart nutzen

Meine eigene Schullaufbahn war Stückwerk. Sie

begann 1944 und fand in Wien, im südmährischen Piesling, in der Bregenzerwälder Ortschaft Andelsbuch und in Molenbeek bei Brüssel statt, wohin ich als Kind verschickt worden war und auf Flämisch unterrichtet wurde. Netto waren es vielleicht zwei Volksschuljahre in vier Schulen mit acht Lehrern. Dennoch schaffte ich es ins Gymnasium, und so schlecht kann das Gesamtpaket dann doch nicht gewesen sein: Zwei Mitschüler aus meiner Maturaklasse 1956 am BRG Franklinstraße in Wien-Floridsdorf sind heute Mitglieder der Akademie der Wissenschaften, in der ich Senator bin.

Während ich im Unterricht anfangs nur Schiefertafel und Griffel hatte und auf Schulbücher weitgehend verzichten musste, hatten es meine beiden Töchter schon besser. Sie wuchsen im Overheadprojektor-Zeitalter auf. Dass aber diese klobigen Geräte samt 30 Jahre alter Folien selbst aus den Schulen meiner Enkelkinder noch immer nicht verschwunden sind, macht mich seit Langem stutzig. In der Corona-Zeit ist erstmals auch einer breiten Öffentlichkeit bewusst geworden, wie rückständig die digitale Ausstattung unserer Schulen ist. Wir sind zwar von der Steinzeit in die schulische Kreidezeit gekommen, aber von diesem längst noch nicht im digitalen Zeitalter mit Smartboards und Tablets angelangt.

Wie bei einem plötzlich ausgetrockneten Fluss, der das Geröll im Bachbett sichtbar macht, hat die Krise im Bildungswesen zum Vorschein gebracht, was in den letzten Jahrzehnten liegen geblieben ist. 200.000 – also rund 30 Prozent – der Pflichtschüler besitzen kein Tablet oder keinen Laptop, somit waren sie vom digitalen Unterricht ausgeschlossen. Die gegen Ende des Schuljahres 2019/20 in aller Eile zusammengesammelten 12.000 alten Laptops, von denen gerade einmal 7.221 verborgt wurden, haben das nicht verändert. Die Server-, Cloud- und Druckerkapazität der Schulen und die Ausstattung der Lehrer mit Dienst-Laptops haben sich gleichfalls als nicht zufriedenstellend erwiesen.

Die fehlende Wertschätzung für Bildung und das Schulwesen im Allgemeinen äußerte sich auch in dem Umstand, dass die Regierung mit dem Shutdown neben weiten Teilen der Wirtschaft auch die Schulen und Kindergärten flächendeckend zum Stillstand brachte und praktisch als Letztes wieder aufsperrte. Das könnte sich in der Aufarbeitung als einer der schwerwiegendsten Fehler der Corona-Zeit herausstellen. Martin Sprenger, frühzeitig aus dem Corona-Krisenstab des Gesundheitsministeriums ausgeschiedener Public-Health-Experte, monierte von Beginn weg, dass es viel effektiver sei, Personen gezielt in Quarantäne zu schicken, statt ganze Schulen zu schließen.

Ich will mich nicht lange damit aufhalten, Bildung zu definieren. Von Wilhelm Humboldts *Theorie der Bildung* über Theodor Adornos *Theorie der Halbbildung* bis hin zu

Konrad Paul Liessmanns *Theorie der Unbildung* ist da schon genug philosophisch gefachsimpelt worden. Den Begriff gibt es ja nur im deutschsprachigen Raum, während etwa die Amerikaner und Engländer schlicht von „education" sprechen, was gleichermaßen Ausbildung, Bildung und Erziehung meint.

> ## > Bildung hat ein egalitäres Moment. Sie ermöglicht Teilhabe, schafft Chancengleichheit und damit Gerechtigkeit.

Es reicht zu verstehen, dass Bildung nicht nur aus formalen Fähigkeiten oder handwerklichen Fertigkeiten besteht, die dazu dienen, sich am Arbeitsmarkt besser zu behaupten. Bildung ist nicht nur Zweck. Sie befähigt in einem umfassenderen Sinn, hilft Zusammenhänge zu verstehen und beispielsweise etwas, das als neu bejubelt wird, in Kenntnis des Wertekanons und der Geschichte besser einzuordnen. Wenn sie nicht bloß elitäres Distinktionsmerkmal ist, wie in vorindustriellen Gesellschaften, hat Bildung ein egalitäres Moment. Sie ermöglicht Teilhabe. Sie schafft Chancengleichheit und damit Gerechtigkeit.

Daher ist der im Bachbett nun ebenfalls sichtbar gewordene Müll schnellstens zu beseitigen. Er ist das Resultat von Defiziten, die sich seit Langem durch das gesamte Bildungssystem ziehen. Wir haben in Österreich besonders wenige Unterrichtsstunden, besonders lange Ferien und unzählige Klein- und Kleinstschulen ohne hinreichende Ausstattung. Der Ausbau des frühkindlichen und vorschulischen Erziehungsangebots, in dem es nicht um Aufpassen, sondern um Elementarpädagogik gehen sollte, befindet sich selbst noch immer in einem frühkindlichen Stadium. In der Krise klammert man sich scheinbar noch stärker an das, was man kennt. Improvisationsfähigkeit und kreative Problemlösung werden so zur Mangelware.

Ein Teil des Gerölls stammt aus theresianischen Zeiten. Kaiserin Maria Theresia war eine weit- und umsichtige Herrscherin, zurecht wird sie heute noch in Biographien, Filmen und Denkmälern geehrt. Aber diese Verehrung ist im Bildungsbereich fehl am Platz, wenn sie zur Konservierung von Abläufen und Strukturen führt.

Gehen wir dazu ein paar Schritte zurück. Im Mittelalter waren die Klöster die Leuchttürme der Bildung, später kamen die Domschulen dazu, aus denen die Universitäten entstanden. Einen gewaltigen Sprung vorwärts bedeutete die Reformation: Mit dem proklamierten Ziel, die Inhalte der Bibel in der jeweils eigenen Landessprache zu verbreiten, war das Bemühen verbunden, möglichst vielen Lesen und Schreiben beizubringen; Johannes Gutenbergs Erfindung des Buchdrucks um 1450 beschleunigte die Verfügbarkeit von Schrifttum. Im beginnenden Industriezeitalter wurde, auch aus militärischen Gründen, die allgemeine Schulpflicht eingeführt, im calvinistischen Herzogtum Pfalz-Zweibrücken bereits Ende des 16. Jahrhunderts, um einiges später, 1717, im protestantischen Preußen, in

Österreich eben unter Maria Theresia 1774. Napoleon veranlassten solche Umstände zu der Bemerkung, Österreich sei immer im Hintertreffen – „um eine Armee, um ein Jahr, um eine Idee".

Wir waren also schon damals spät dran, und wir sind in Grundzügen heute leider über das theresianische System nicht sehr weit hinausgekommen, obwohl sich die Arbeitswelt ebenso wie die Gesellschaft fundamental verändert haben. Wer kann heute noch erklären, warum wir in unseren Schulen noch immer stur 50-Minuten-Einheit an 50-Minuten-Einheit reihen, während selbst in Fabriken nicht mehr nach einem starren Rhythmus gearbeitet wird? Von der Welt der Wissensarbeit im Computerzeitalter ganz zu schweigen. Anders als im 18. oder 19. Jahrhundert sind heute sieben von zehn Frauen im Erwerbsleben tätig. Der Vereinbarkeit von Beruf und Familie muss deshalb viel mehr politisches und organisatorisches Augenmerk geschenkt werden.

Wissensarbeit bedeutet zudem, Bildung als etwas sich Veränderndes zu begreifen. Damit ist nicht gemeint, beispielsweise den Kanon der wichtigsten Romane der deutschsprachigen Literatur jährlich neu zu definieren. Es geht darum, erarbeitete Inhalte stets kritisch zu hinterfragen und gegebenenfalls alte Gewissheiten über Bord zu werfen, immer unterstützt von der neuesten wissenschaftlichen Evidenz.

Zehn Jahre nach der Erarbeitung der Grundpositionen für das Bildungsvolksbegehren muss man ernüchtert feststellen: Es hat sich nichts getan. Damals war ich aus einem humanistischen Grundverständnis heraus einer der Fahnenträger für eine große Schar von Fachleuten: Schuldirektoren, Bildungswissenschaftler, Publizisten. Sie haben die offenkundigen Probleme benannt und Lösungsvorschläge gemacht. Doch heute haben wir nach wie vor in der Fläche keine autonome, verschränkte Ganztagsschule.

> ## Die Schulautonomie ist noch immer unterentwickelt, vor allem was die Auswahl des Personals betrifft.

Wir trennen noch immer viel zu früh: Die Entscheidung, ein Kind mit zehn Jahren entweder ins Gymnasium oder in die Neue Mittelschule zu schicken, beeinflusst dessen späteren Entfaltungs- und Einkommenschancen gravierend. Diese Selektion soll jetzt sogar noch mit so genannten Kompetenztests in den dritten Klassen der Volksschulen vorverlegt werden, ein Punkt im Programm der türkis-grünen Bundesregierung. Spätestens bei diesem Punkt stellt sich einem die Frage, wo die bildungspolitischen Ideen der Grünen geblieben sind oder welche Initiativen von der Sozialdemokratie kommen.

Die Schulautonomie ist noch immer unterentwickelt, vor allem was die Auswahl des Personals betrifft. Dabei ist es erwiesenermaßen zielführend, wenn sich Direktoren ihre Mitarbeiter aussuchen können und diese auch bewertet werden. In Malmö oder London hat sich gezeigt, dass man mit Lehrern, die dafür qualifiziert und engagiert sind, plötzlich auch in Brennpunktschulen hervorragende Ergebnisse erzielen kann, wenn man sie ungestört arbeiten lässt – was bei uns nicht der Fall ist.

Vor diesem Hintergrund wundern die Ergebnisse der PISA-Tests nicht. Auch wenn man die Methodik und die Ziele dieser großen Schulleistungsuntersuchungen der OECD stets kritisch hinterfragen muss: Ruhmesblatt ist das Abschneiden Österreichs in diesem internationalen Ranking nicht. Beim Lesen, in der Mathematik und in den Naturwissenschaften ist das Land im Mittelfeld geblieben, der Mittelwert der drei Disziplinen lag 2018 bei 491, im Jahr 2015 bei 492. Der europäische Spitzenreiter Estland hält bei 525 Punkten. Am Betreuungsverhältnis kann das nicht liegen: Wir haben in Österreich heute fast doppelt so viele Lehrer wie in den siebziger Jahren – aber gleichzeitig als Folge geburtenschwacher Jahrgänge um 100.000 Schüler weniger. Länder wie Finnland, Neuseeland, Singapur oder Südkorea haben sich dem Thema mit großer Ernsthaftigkeit und Konsequenz genähert und erzielen deshalb auch bei PISA stets herausragende Erfolge. Wir scheitern hingegen von Jahr zu Jahr daran, eine zentrale Mathematik-Maturaaufgabe zu entwerfen.

Der chronisch unterfinanzierte tertiäre Bildungssektor bekommt die Versäumnisse in den Bildungsstufen davor durchgereicht. So wie die Wirtschaft über nicht ausbildungsfähige Lehrlinge klagt, klagen die Universitäten über ein sinkendes Niveau der Maturanten. Die

Spreizung zwischen jenen, die den Oberstufenstoff nach-
holen müssten, und den Über-Unireifen wird dabei immer
größer. Trotz riesiger Studierendenzahlen haben wir in
den so genannten MINT-Fächern (Mathematik, Informatik, Naturwissenschaften, Technik) trotz vielfältiger Initiativen noch immer zu wenig Zulauf. Alle drei Technischen
Universitäten in Österreich beklagen sich über eine rück-
läufige Anzahl an Studierenden. Es fehlen uns 25.000 IT-
Spezialisten. Wir haben über 300.000 Studierende, von
denen nur die Hälfte das Studium beenden – und das bei
einer durchschnittlichen Studiendauer von 20 Semestern.

Die österreichischen Fachhochschulen haben überdies
dramatisch zu wenige Plätze: Es sind derzeit 54.500, in der
Schweiz sind es 95.000. Im Nachbarland wurde überdies
die Drei-Säulen-Lehre etabliert, in der die bisherigen
berufsbildenden Elemente mit dem tertiären Sektor verknüpft werden: ein triales System. Wir rühmen uns noch
immer des dualen Systems, als ob das in Zeiten der Digitalisierung der Weisheit letzter Schluss wäre, haben aber
derzeit zu wenig Lehrplätze.

Mit einem Wort: Wir sind rückschrittlich. Das Einzige,
das funktioniert, sind die Höheren Technischen Lehran-
stalten und die Handelsakademien. Aber auch hier wird
der Schulalltag noch vielfach so organisiert, als lebten
wir in einer Welt der rauchenden Schlote und nicht
der rauchenden Köpfe. Nicht nur Eltern und Schüler,
auch Lehrer und schulische Führungskräfte verzwei-
feln an diesem System. Begabte und veränderungswillige

Direktoren ohne Sekretariatsunterstützung ächzen unter der überbordenden bürokratischen Last, die ihnen keine Luft für ihre ureigensten Aufgaben lässt.

Dabei stecken wir in Österreich 5,5 Prozent der Wirtschaftsleistung, genannt BIP, ins Bildungssystem. Das ist im internationalen Vergleich gar nicht so schlecht. Doch nur jeder zweite Euro kommt auch tatsächlich in den Klassen an, der Rest versickert in der Verwaltung. Die Schulorganisation verschlingt Unsummen. Für die über eine Million Schülerinnen und Schüler stehen statistisch 120.000 Lehrerinnen und Lehrer zur Verfügung, doch viele von ihnen sind in einem aufwändigen Paralleluniversum administrativer Natur beschäftigt. Aus den Landeschulinspektoren sind in der Zwischenzeit Landesbildungsdirektoren geworden, geändert hat sich nichts, es ist sogar noch komplizierter geworden.

Die sozialen Schieflagen haben zugenommen, somit ist die Bildungsschere größer. Laut einer Umfrage des Instituts für Höhere Studien (IHS) unter Pädagoginnen und Pädagogen waren während der Schulschließung im Durchschnitt zwölf Prozent der Schülerinnen und Schüler schwer oder gar nicht erreichbar. In sozial benachteiligten Schichten waren es drei Mal so viele. Bereits zehn Prozent der Schülerinnen und Schüler – jene, deren Eltern es sich leisten können – besuchen ganztägige Privatschulen. Jeder dritte Schüler benötigt Nachhilfe. Wer die dafür notwendigen Summen nicht aufbringen kann, wächst in Bildungsarmut auf, und Bildungsarmut ist der sicherste Weg in die wirtschaftliche Armut. Die soziale Ungleichheit, die von den Schulen kompensiert werden sollte, wird auf diese Weise vergrößert. So entstehen Verlierer: die am Arbeitsmarkt nicht Vermittelbaren und Sozialhilfeempfänger. 20 Prozent der 15-jährigen Jugendlichen können nicht hinreichend lesen, schreiben und rechnen, um eine Lehre antreten zu können. Dass sie im Sozialhilfenetz landen werden, ist vorgezeichnet.

> In der Wissensgesellschaft sind Talente der wichtigsten Rohstoff.

Die Corona-Krise hat gezeigt, dass sich diese Kluft im Zuge der Digitalisierung noch vergrößert: Wer nicht das Glück hat, von den Eltern das erforderliche Inventar zur Verfügung gestellt zu bekommen und im Umgang damit geschult zu werden, verliert den Anschluss. Die Krise hat einmal mehr auch gezeigt, dass viele engagierte Lehrer zu Unrecht zwischen die Mühlsteine der Bildungspolitik und ihrer Interessenvertretung geraten. Da ging es etwa um die Idee des Bildungsministers, kurz nach dem zögerlichen Neustart auch an den so genannten Fenstertagen im Mai und Juni unterrichten zu lassen. Weil er wenige Tage davor der Lehrergewerkschaft Gegenteiliges signalisiert hatte, geißelte diese den Vorstoß des Ministers prompt als „Frechheit". In der Öffentlichkeit wurde das als Justament-Dagegen-Haltung verstanden, die wiederum von der Mehrzahl der Lehrer nicht goutiert wurde.

Nach diesem Muster gerät das Lehrpersonal immer wieder in die Schusslinie der öffentlichen Diskussion, wo es doch klar sein müsste, dass die Schulen immer nur so gut wie ihre Lehrer sein können. Ein generelles Lehrer-Bashing ist dabei sicher keine Unterstützung. Am wichtigsten ist es, sicherzustellen, dass bei den Pädagogen neben Sachkunde auch Engagement und Begeisterungsfähigkeit vorhanden sind und erhalten bleiben. Sie müssen, so banal das klingt, junge Menschen gernhaben und ihren Beruf auch als Berufung sehen. Auf viele trifft das zu, aber es ist noch lange nicht die Regel. Und die beste Ausbildung hilft nichts, wenn diese Grundvoraussetzung nicht gegeben ist.

In der Wissensgesellschaft sind Talente der wichtigste Rohstoff. Wir müssen diese Rohstoffe entdecken, fördern und veredeln. Das geschieht nicht nur zum Nutzen der Einzelnen, sondern zum Nutzen aller. Dazu kommen die Notwendigkeiten der Digitalisierung. Sie erschöpfen sich nicht bloß in der Bereitstellung von Smartboards und Laptops, von Breitband- und Serverkapazitäten, sondern in der Kenntnis von Programmiersprachen, dem kritischen und kompetenten Umgang mit den von Fake News gefluteten Netzwerken.

Leider muss man solche Trivialitäten wieder und wieder predigen. Denn obwohl es eine breite zivilgesellschaftliche Front – von ehrenamtlichen Bildungsinitiativen bis zum „Neustart Schule" der Industriellenvereinigung – gibt, ist das Thema Bildung politisch unter den Tisch gefallen. Einzig NEOS haben in den letzten Jahren ein modernes, ideologiebefreites Bildungsprogramm auf den Tisch gelegt, das den gesamten Bildungsbogen, von der Elementarpädagogik bis zu den Universitäten, mitdenkt. Daneben regieren jedoch kleinbürgerliche Standesdünkel und sozialdemokratische Zukunftsvergessenheit.

Das einzige Ziel der ÖVP scheint zu sein, die Gesellschaft spaltenden Bildungsprivilegien am Leben zu erhalten. Die Fixierung auf das Langzeitgymnasium, eine De-facto-Halbtagsschule mit 14 Ferienwochen pro Jahr und nachweislich sinkendem Niveau, ist nicht nur bildungspolitisch, sondern auch volkswirtschaftlich gefährlich. Besonders bitter ist, dass auch der SPÖ der Sinn für Bildungsthemen abhandengekommen zu sein scheint. In den Anfängen der Bewegung gab es noch den stolzen Spruch „Acht Stunden arbeiten wir, acht Stunden schlafen wir, acht Stunden lernen wir". Noch in den 1970er Jahren galt in der Sozialdemokratie Bildung als entscheidender Motor für Leistung, Aufstieg und Gerechtigkeit. Vielen hat diese Politik, wie bis heute versichert wird, einen Aufstieg eröffnet.

Was jetzt zu tun ist:

Das Bildungssystem ist noch nicht einmal am Höhepunkt des Industriezeitalters angekommen und folglich hoffnungslos veraltet. Die Schulen sind so rasch wie möglich für das digitale Zeitalter auszurüsten: Smartboards, Tablets bzw. Laptops, Serverkapazitäten, Internetanschluss zu Hause, Schüler-Email-Adresse etc. Die Ankündigung der österreichischen Bundesregierung, ab dem Schuljahr 2021/22 die Ausstattung der Unterstufenklassen mit

Laptops zu starten, eine Reaktion auf die in der Corona-Zeit sichtbar gewordenen Defizite, ist bei genauerer Betrachtung eine Lachnummer: Die Digitalisierung macht ja auch nicht eineinhalb Jahre Pause. Vorbereitung in den Volksschulen gibt es keine, erst 2025 wären alle 14-Jährigen mit Digitalgeräten ausgestattet.

Die Gerätschaften allein sind freilich nichts ohne Lehrer, die mit dieser Hard- und Software auch umgehen können. Zu einer Lehrerausbildung – das wussten wir freilich auch schon vor Corona – gehört auch Fitness für Digital Schooling. Zwar gibt es seit Jahren entsprechende Ausbildungsangebote an den Pädagogischen Hochschulen auf freiwilliger Basis. Aber sie wurden kaum in Anspruch genommen. Deshalb müssen solche Inhalte verpflichtend gemacht werden, wie etwa in Finnland und Singapur, verbunden mit entsprechenden jährlichen Beurteilungen. Wer geht schon zu einem Arzt, der 30 Jahre keine Weiterbildung gemacht hat?

Eine bessere Selektion an den Pädagogischen Hochschulen und eine angemessene Besoldung der Junglehrer sind notwendig. Das gilt auch für die elementarpädagogischen Betreuungskräfte.

Im selben Atemzug müssen wir endlich die Lehrpläne entrümpeln. Sie sind noch immer von dem geprägt, was gestern wichtig war, und bereiten zu wenig auf das vor, was morgen sein wird. Neben den Kulturtechniken, zu denen in Zukunft auch ein Grundverständnis für Programmiersprachen gehört, zählen dazu mit Sicherheit sowohl theoretische wie auch praktische Wirtschaftsbildung, eine Einführung in Wissenschaft und Technologie, Demokratieverständnis, Ethikunterricht und natürlich digitale Fertigkeiten.

Wenn aber Neues dazukommen soll, müssen wir den Mut haben, Altes wegzulassen. Wir sollten auf die Hauptgegenstände fokussieren. Insbesondere in den Pflichtschulen müssen wir uns auf Schreiben, Lesen und Rechnen konzentrieren und Informatik als viertes Hauptfach festschreiben; dazu kommen noch die Fremdsprachen. Außerdem muss viel stärker interdisziplinär gearbeitet werden. Ein Beispiel: Wenn, so wie jetzt mitunter, weder in Geschichte noch in Geographie der Wiederaufstieg Chinas zur Weltmacht des 21. Jahrhunderts behandelt wird, sollte zumindest eine Fächerkombination dazu in der Lage sein.

Voraussetzung dafür, dass diese erneuerten Inhalte auch tatsächlich im Unterricht ankommen, ist echte Autonomie an den Schulen. Das betrifft inhaltliche Schwerpunktsetzungen ebenso wie die Auswahl der Fachkräfte. Es ist nicht einzusehen, dass wir junge Menschen für eine wettbewerbsorientierte Welt vorbereiten, während sich Lehrer in der Regel nur in minimalen Ansätzen dem Wettbewerb stellen müssen. Solange sich Schuldirektoren ihr Personal nicht aussuchen können, und solange diese Direktoren ihrerseits nach parteipolitischen Kriterien besetzt werden, kann es keinen Neustart in der Schule geben.

Die Missachtung des Bildungssystems durch die regierenden Parteien hat sich in den letzten Jahren leider auch im tertiären Sektor fortgesetzt. Wurde in einem Ministerratsvortrag im August 2018 unter anderem noch vollmundig eine Exzellenzinitiative und ein Forschungsfinanzierungsgesetz angekündigt, um die Universitäten und insbesondere die Grundlagenforschung hinreichend zu finanzieren, ist seitdem nichts mehr geschehen. Das nunmehrige Forschungsfinanzierungsgesetz ist ohne Finanzierung zahnlos ausgestattet. Einmal mehr wird die leere Dose einfach weitergekickt. Ähnlich verhält es sich mit der Forschungs-, Technologie- und Innovationsstrategie (FTI) bis 2030, die die Voraussetzung für eine Teilnahme am – leider zu gering ausgefallenen – Horizon-Europe-Projekt der EU ist. Bis diese Strategie beschlossen und in Umsetzung ist, werden wir weitere zwei bis drei Jahre verloren haben.

Die Forderungen unseres Bildungsvolksbegehrens aus 2011 und der Initiative „Neustart Schule" aus 2018 sind im Übrigen unverändert gültig: von der Aufwertung der elementaren Bildungsphase bis zur systematischen Talententwicklung. Ein rascher Ausbau von autonomen, verschränkten Ganztagsschulen würde nicht nur der modernen Berufswelt gerecht werden, sondern könnte eine begrüßenswerte Wende in der alten, unendlichen Geschichte der verschleppten Bildungsreformen markieren.

2.

DIGITALISIERUNG ohne Anschluss

Die Zukunft selbst in die Hand nehmen

„Der Mensch wird nur unter Menschen ein Mensch", meinte der deutsche Philosoph Johann Gottlieb Fichte in seinen *Grundlagen des Naturrechts* 1845. Das war lange Zeit, bevor es Videokonferenzen, Homeschooling oder Telemedizin gab. Und dennoch ist mir in den Wochen der Corona-Isolation die Bedeutung dieser Aussage noch stärker bewusst geworden. Die technologischen Hilfsinstrumente ersetzen den physischen sozialen Kontakt nicht, der erst Kreativität schafft. Selbst wenn man auf allen erdenklichen Kanälen digital an die Außenwelt angebunden ist, kann man dabei ein Eremit werden. Der Mensch ist aber nicht dafür geboren, Eremit zu sein.

Gerne gebe ich zu, dass ich ein digitaler Immigrant bin, für den noch immer vieles Neuland ist: Ich nutze zwar ein Smartphone – aber in erster Linie zum Telefonieren. Gelegentlich schreibe ich inzwischen eine SMS oder eine Whats-App-Nachricht. Das iPad ist mir beim Recherchieren immer wieder nützlich. Kindle, den E-Book-Reader von Amazon, habe ich ausprobiert, aber dafür bin ich zu altmodisch. Ich will etwas in Händen halten, in dem ich hin- und herblättern kann.

Und dennoch habe ich in der Corona-Zeit zwangsweise die eine oder andere Anwendung neu erlernt, etwa um Aufsichtsratssitzungen oder virtuelle Hauptversammlungen zu leiten und die – manchmal plötzlich abgerissenen – Gespräche für dieses Buch über die Video-Plattform Skype führen zu können. Daraus kann ich ansatzweise erahnen, welchen gewaltigen Schub diese Zeit für die Digitalisierung insgesamt bedeutet hat. Entwicklungen, die sich sonst über Jahre, wenn nicht Jahrzehnte gezogen hätten, vollziehen sich nun binnen kürzester Zeit. Bankberater führen wie selbstverständlich Verhandlungen über eine Überbrückungsfinanzierung oder einen Häuslbauer-Kredit via Video. In Windeseile haben sich Online-Konferenzen und Simultan-Diskussionsrunden zwischen Menschen, die oft in verschiedenen Regionen oder sogar quer über den Globus verteilt sitzen, etabliert. Kontaktlos ist das neue Zauberwort: Erstmals haben in Österreich Bezahlvorgänge mit Karten oder Smartphones jene mit Bargeld überflügelt.

In unserem Leben als Konsumenten hatten sich solche Mischformen schon davor durchgesetzt: Wir bestellen im Internet, holen die Ware aber selbst ab. Nun werden wir auch hybride Formen des Arbeitens und Lernens entwickeln, bei denen einige Tage physisch am gewohnten Arbeitsplatz, einige Tage von zu Hause gearbeitet wird. Die Präsenzkultur, sagen die Optimisten, wird gerade von der Performance-Kultur abgelöst.

Ich bin dennoch überzeugt, dass Präsenz in vielen Bereichen wichtig bleiben wird oder sogar noch wichtiger wird. Vergessen wir nicht, dass in vielen Sektoren, etwa dem Tourismus, Tele-Dienstleistung ein Ding der Unmöglichkeit bleibt: Bettenüberziehen, Kochen oder Wellness-Anwendungen können wohl kaum digitalisiert werden. Auch die Fiaker-Fahrt ist nicht durch eine Taxi-App ersetzbar. Pflege lässt sich schwerlich über Videokonferenz durchführen. In der Krise hat man gesehen, dass viele Vorlesungen der besten Professoren an den Universitäten online nur halb so gut frequentiert waren wie davor in den Hörsälen.

> ## Homeoffice und Homeschooling sind lediglich gut klingende Schlagworte, die in der Praxis zu Frustration führen.

Hat die Krise auf der einen Seite Digitalisierungsentwicklungen beschleunigt, so hat sie auf der anderen Seite die Rückständigkeit in manchen Bereichen schonungslos offengelegt, etwa im Bildungsbereich. Und was nützt die beste Hardware, wenn es mangels hochleistungsfähiger Netze keine Anbindung gibt? Wenn es Stunden dauert, bis ein Arbeitsdokument hochgeladen ist oder die Kommunikation in der Lerngruppe aus technischen Gründen ständig abreißt, sind Homeoffice und Homeschooling lediglich gut klingende Schlagworte, die in der Praxis zu Frustration führen.

Ein beträchtlicher Teil der Haushalte, vor allem im ländlichen Raum, verfügt in Österreich weder über Festnetz noch über Mobilfunk oder Zugang zu Breitbandinternet. Wo Internet vorhanden ist, liegt die durchschnittliche Geschwindigkeit bei 30 Mbit pro Sekunde, doch in vielen ländlichen Regionen noch immer unter zehn Mbit pro Sekunde – zu wenig, um verlässlich Videokonferenzen durchzuführen, geschweige denn anspruchsvolle Arbeitsprogramme zu starten und zu nutzen. Die von den Bundesregierungen der letzten Jahre regelmäßig angekündigten Breitbandmilliarden sind, wenn überhaupt, nur tröpferlweise dort angekommen, wo sie wirklich gebraucht werden. Das führt zu eklatanten Ungerechtigkeiten zwischen Stadt und Land. In einem digitalen Tsunami, der alle Bereiche der Wirtschaft und Gesellschaft erfasst und viele Grundlagen neu definiert, können wir es uns aber weder leisten, einzelne Talente noch ganze Regionen zu verlieren. Die 25.000 Informatiker, die in Österreich fehlen, sollten wir nach Möglichkeit wenigstens teilweise aus eigenen Ressourcen rekrutieren.

Diese digitale Unterversorgung setzt sich in der Wirtschaft fort, etwa in der Produktion. Österreich ist auf diesem Gebiet ins Hintertreffen geraten. Wir haben auf 10.000 Arbeitsplätze nur halb so viele Roboter wie Deutschland. Ähnliches gilt für den 3D-Druck und Künstliche Intelligenz (KI). Das Thema Industrie 4.0 – die Vernetzung der Maschinen mit dem Internet – ist wieder völlig eingeschlafen.

Roboter werden in der öffentlichen Diskussion oft als Jobkiller hingestellt. Schlagzeilen, wonach jeder dritte Job in Gefahr ist, lösen Ängste und Abwehrreflexe aus. Das ist verständlich, und tatsächlich wird es viele Berufe, die es heute wie selbstverständlich gibt, in absehbarer Zeit nicht mehr geben. Das war bei allen großen technologischen Umbrüchen so: So wie der Laternenanzünder, der in vergangenen Jahrhunderten dafür gesorgt hatte, dass es in Städten auch in der Nacht nicht völlig finster wurde, nach der Einführung elektrischer Glühlampen arbeitslos wurde, hat auch der Tramwayschienen-Ritzenkratzer mechanisierten Wartungssystemen für die Geleise weichen müssen.

Die Roboterisierung und Automatisierung wird allen Dystopien von künstlich intelligenten Alleskönnern zum Trotz aber überwiegend monotone bzw. leicht erlernbare Routinetätigkeiten betreffen, für die in der Regel kein Talent benötigt wird, sowie besonders harte, schwere oder gefährliche Arbeiten („dull, dirty and dangerous"). Auf der anderen Seite entstehen viele neue, bessere und höher qualifizierte Jobs. Bei Kreativität und kritischer Reflexion oder Emotionen werden uns Roboter noch lange nicht das Wasser reichen können, vielleicht auch nie. Gleichzeitig führt der demographische Wandel zu einem Arbeitskräftemangel in Bereichen, die nur am Rande mit der Digitalisierung zu bewältigen sein werden, etwa in der Pflege.

Unterm Strich hat die industrielle Revolution der Welt einen immensen Aufschwung beschert. Wie die Gesamtbilanz der digitalen Revolution einmal aussehen wird, ist in der Fachwelt noch umstritten. Es gibt aber viele gute Argumente, dass es auch diesmal insgesamt nicht weniger, sondern mehr, aber eben andere Arbeitsplätze geben wird. Oft wird es notwendig sein, sich mehrmals in einem Arbeitsleben umzuschulen. Maschinenstürmerei wie im 19. Jahrhundert ist keine Lösung. Es geht darum, möglichst viele Menschen so gut und so schnell wie möglich für das digitale Zeitalter vorzubereiten.

Führen wir uns das Tempo der Computerisierung vor Augen, wird klar, warum Bedächtigkeit, Gemütlichkeit und Bequemlichkeit auf diesem Gebiet selbstmörderisch sind. Vom ersten Computer Z1 von Konrad Zuse im Jahr 1936 bis zum Personal Computer von IBM 1981 dauerte es 45 Jahre. Wiederum 26 Jahre später wurden die Computer mit dem iPhone endgültig mobil und passten in jede Hosentasche. Heute gibt es weltweit 3,2 Milliarden Smartphone-Nutzer, für die ihr Endgerät der Dreh- und Angelpunkt ihrer Alltagsorganisation geworden ist, vom Lesen übers Kommunizieren und Fernsehen bis hin zum persönlichen Finanzmanagement.

Diese immense Leistungssteigerung und das enorme Tempo der Verbreitung ermöglichte es den Tech-Giganten wie Google, Amazon oder Facebook, ihre Geschäftsmodelle zu etablieren und der Plattformökonomie zu ihrem Siegeszug zu verhelfen. Mitte August 2020 waren die digitalen Riesen trotz des Corona-bedingten Einbruchs der Börsen in den Monaten davor so wertvoll wie Unternehmen noch nie zuvor: Apple 1,9 Billionen Euro, Microsoft und Amazon je 1,6 Billionen Euro, die Google-Mutter Alphabet eine Milliarde Euro. Facebook ist 715 Milliarden Euro wert, etwas mehr als der chinesische Amazon-Konkurrent Alibaba.

Dass einige wenige Technologie-Unternehmen marktbeherrschend geworden sind, weckt Erinnerungen an die riesigen Industrie-Trusts, die in den USA nach 1900 entstanden und sich jeglicher Kontrolle entzogen. US-Präsident Theodore Roosevelt gelang es, sie zu zerschlagen, obwohl ihn Ölmagnaten wie John D. Rockefeller im Wahlkampf noch unterstützt hatten. Heute ist die Aufgabenstellung deutlich schwieriger, weil die Technologie-Unternehmen global tätig sind; es braucht also multilaterale Lösungen. Solange die USA und China noch darum wetteifern, ihre jeweils eigenen Unternehmen als Figuren im Schachspiel um die digitale Weltherrschaft zu betrachten, ist eine global koordinierte Vorgangsweise eine enorme Herausforderung.

Amazon, Alibaba & Co. haben nicht nur einen Börsenwert erreicht, der kaum vorstellbar ist, sondern auch dermaßen viel Macht und Einfluss erlangt, die mit unserem Bewusstsein und mit unseren ethischen Vorstellungen nicht mehr in Übereinstimmung stehen. Im Fall der amerikanischen Tech-Giganten, der Big Five, ist es der Überwachungskapitalismus, wie das von der Harvard-Professorin Shoshana Zuboff genannt wurde. In autokratischen Ländern hingegen ist es ein mit digitalen Mitteln installierter Überwachungsstaat, der alle düsteren Vorstellungen von George Orwells berühmter Dystopie *1984* um Lichtjahre übertrifft. Längst geht es nicht mehr nur um Daten über unsere Einkaufs- oder Lesepräferenzen, sondern um die Einschätzung unserer Persönlichkeit, Stimmungen und Emotionen. Der Fall von Cambridge Analytica, einem Unternehmen, das im US-Wahlkampf 2016 illegal Facebook-Daten verwendete, hat die Missbrauchsmöglichkeiten mehr als deutlich gezeigt.

Viele Entwicklungen sind noch nicht massennutzbar, etwa das selbstfahrende Auto, das noch viele Jahre brauchen wird. Aber es ist klar, dass mit den neuen, gigantische Datenmengen generierenden Anwendungen die

Überwachungs- und Manipulationsmöglichkeiten exponentiell steigen. Hier eröffnen sich sowohl rechtliche wie Haftungsfragen und ethische Fragen.

Die Corona-Krise hat uns vor Augen geführt, wie aktuell dieses Thema bereits ist. Die österreichische Bundesregierung hat, ebenso wie viele andere europäischen Regierungen, eine Stopp-Corona-App entwickeln lassen, die Nutzer warnt, wenn sie es mit einer Covid-19-infizierten Person zu tun gehabt haben. Wer aber Zugriff auf die Daten hat, wo und wie lange sie gespeichert werde, war während der Einführungsphase nur eine Frage von vielen. Innerhalb des bestehenden Rechtsrahmens stoßen solche in aller Eile entwickelten Instrumente schnell an ihre Grenzen. In der Notsituation ist die Bereitschaft größer, diese Grenzen auch zu überschreiten.

> ## Für den digitalen Massenverkehr fehlt eine durchdachte, übergreifende Ordnung.

Europa ist mit einer Datenschutz-Grundverordnung global voranmarschiert. Diese Verordnung setzt zwar hohe Standards, löst das Problem aber noch nicht grundsätzlich, weil sie viel Bürokratie und Papier produziert und außerdem in frontalem Widerspruch zur Forderung nach mehr Transparenz steht. Was uns deshalb fehlt, ist eine Rechtsordnung für die globale digitalisierte Welt – das, was die Straßenverkehrsordnung für den Individualverkehr war. Als es nur Kutschen und einige wenige Automobile gab, waren nur einige wenige Regeln nötig. Als das Auto aber zur Massennutzung wurde, war eine durchdachte, übergreifende Ordnung notwendig. Diese fehlt uns für den digitalen Massenverkehr ebenso wie ein ethischer Betrachtungsrahmen. Daher geht's uns vorerst noch wie Goethes Zauberlehrling, den die Geister überwältigen, die er rief.

Mich hat mein unternehmerisches Engagement früh mit der Digitalisierung, die damals noch nicht so hieß, in Verbindung gebracht. 1994 hatten wir – Willibald Dörflinger, Helmut Zoidl und ich – mit dem gemeinsamen Kauf der kleinen steirischen Leiterplattenfirma AT&S selbst auf diese Entwicklung gleichsam gewettet. Leiterplatten sind kleine Bauteile, die in der Elektronik eine große Rolle spielen. Inzwischen sind auch so genannte IC-Substrate dazugekommen, Verbindungsplattformen zwischen Halbleitern und Leiterplatten. Diese Elemente sind heute in Smartphones, in Tablet-PCs oder Spielkonsolen verbaut. AT&S gehört auf diesem Gebiet zu den drei bis vier weltweit führenden Unternehmen und arbeitet mit Intel und anderen Technologieführern zusammen. Beim Kauf machte das Unternehmen rund eine Milliarde Schilling Umsatz, heute ist es eine Milliarde Euro. Die Zahl der Mitarbeiter ist von 1.000 auf 10.000 gestiegen. Neben den österreichischen Standorten gibt es zwei Fabriken in China, eine in Indien und eine in Südkorea. AT&S hat meinen Blick für die globalen Rahmenbedingungen der Digitalisierung ebenso geschärft wie für unterschiedliche regionale Entwicklungen.

Auffällig ist, dass die Bildungs- und Ausbildungssysteme Asiens wesentlich früher auf die Digitalisierung ausgerichtet wurden. Auffällig ist aber auch, dass hierzulande in den politischen Parteien eine breite digitale Expertise fehlt. Man hat bei vielen Spitzenpolitikern den Eindruck, dass sie von Roboterisierung, Künstlicher Intelligenz und Blockchain zwar reden, dass sie aber nicht wissen, was das ist. Sie fahren in Wahlkampfzeiten ins Silicon Valley, werfen Schlagwörter um sich wie Schneebälle, die bald zerfallen, weil die Substanz fehlt.

Teil dieses Unvermögens ist die verbreitete Illusion, die Probleme der Digitalisierung national lösen zu können. Das sieht man am Beispiel der Besteuerung. Die Digitalwirtschaft ist global. Ihr wertvollstes Betriebsmittel sind jene Daten, die wir vermeintlich unentgeltlich liefern. Durch die Zusammenführung und die Analyse dieser Daten können Google & Co. aus der Masse heraus alles wissen und ihre Algorithmen ständig verfeinern. Sie können aber auch ihren Betriebssitz ganz legal dorthin verlegen, wo sie wollen.

Das Besteuerungswesen findet nach wie vor national statt. Gelöst werden kann das Problem aber nur global, indem man Daten als Bemessungsgrundlage der Besteuerung heranzieht. Das ist viel wichtiger als die ohnehin nicht auf den Punkt kommende, schon jahrzehntelange Diskussion um eine Finanztransaktionssteuer. Dazu müssen fiktive Betriebsstätten mit einer Mindestgewinnbesteuerung im Tätigkeitsland angenommen werden, weil die Betriebsstätte sich formalrechtlich oft in einer Steueroase befindet. Die Digitalfirmen müssen solcherart gezwungen werden, in jenem Land Abgaben zu zahlen, in dem sie jene Daten abschöpfen, aus denen sie immer raffiniertere Produkte kreieren. Das ist viel wichtiger als die wenig zielführende, jahrzehntelange Diskussion um eine Finanztransaktionssteuer.

Der österreichische Versuch einer kosmetischen Digitalsteuer, Anfang 2020 eingeführt, ist deshalb eine Faschingsnummer und als Aktionismus zu bewerten. Diese Steuer, eine erweiterte Online-Werbeabgabe, bringt gerade einmal 25 Millionen Euro ein und steuert nichts. Die Regierung riskiert für diese lächerliche Summe lediglich, dass im Zuge des Handelskonflikts der USA mit der EU nun auch österreichische Produkte stärker ins Visier genommen werden. Die Franzosen haben ähnliche Erfahrungen gemacht: Ihre 2019 verabschiedete dreiprozentige so genannte „Gafa"-Steuer, die sich gegen Google, Amazon, Facebook, Apple und rund 25 andere Unternehmen richtete, wird vorerst nicht eingehoben – die USA hatten mit Zöllen gegen französische Exportschlager wie Champagner und Käse gedroht. Solche Alleingänge streuen den Wählern Sand in die Augen und gaukeln Souveränität über ein Gebiet vor, das längst nicht mehr durch nationalstaatliche Grenzen definiert ist. Digitalsteuern machen nur global einen Sinn.

Ebenso verhält es sich mit der im Nationalratswahlkampf 2019 ventilierten Idee einer „Österreich-Cloud", mit der „Datensicherheit für österreichische Menschen und Unternehmen gewährleistet" werden soll. Einmal abgesehen davon, dass eine solche Alpencloud technisch längst realisiert ist, ist sie politisch-strategisch völlig unsinnig. Nur auf europäischer Ebene macht das Vorhaben Sinn. Denn natürlich stellt es ein Problem dar, dass Europa derzeit von US-amerikanischen

Clouds, etwa von Amazon oder Microsoft, abhängig ist, ebenso vom Zahlungssystem SWIFT. Diese Abhängigkeit bedeutet einen Verlust an Souveränität und kann missbraucht werden, ebenso wie US-Präsident Trump den Dollar als Waffe und den Banken-Zahlungsverkehr als Machtinstrument missbraucht. Deshalb ist eine koordinierte europäische Vorgangsweise auf diesem Gebiet dringend notwendig.

Was jetzt zu tun ist:

Die im Zuge der Corona-Krise zutage getretenen digitalen Defizite im Bildungsbereich sind so schnell wie möglich zu beseitigen. Parallel muss die digitale Infrastruktur zügig ausgebaut werden. Sie wird seit vielen Jahren versprochen, ist aber bisher fast nicht realisiert worden: Ohne leistungsfähige Breitbandnetze und 5G – im ländlichen Raum jedenfalls 4G – werden wir digital noch weiter zurückfallen.

Aber es braucht mehr als das Beseitigen von Defiziten, sondern auch eine Vorwärtsperspektive.

Damit wir im Forschungsbereich nicht weiter ins Mittelfeld absinken, sondern aufholen und Anschluss an die Innovations-Spitzenländer finden, schlage ich das Projekt einer Digital School vor. Dazu gibt es in Deutschland mit den bislang sechs Helmholtz Information & Data Science Schools ein Vorbild. Sie stehen für Promovierende und Postdoc-Studierende offen.

Mein Vorschlag: In Österreich ist eine solche digitale Fortbildungsstätte in Wien-Floridsdorf anzusiedeln, wo es ungenützte Gründe des Siemens-Konzerns gibt. Nach der Übersiedlung des Complexity Science Hub (CSH) Vienna, der von seinem derzeitigen Standort in der Josefstadt in diesen Innovationspark expandieren könnte, sollten dort weitere Einrichtungen mit Schwerpunkt Digitalisierung und KI angesiedelt werden.

In den letzten 13 Jahren ist es gelungen, das Austrian Institute of Technolgy (AIT) wieder zu einer ernstzunehmenden praxisorientierten, also zu einer auf Umsetzung ausgerichteten Forschungseinrichtung zu machen, die sich mit Dekarbonisierung, Digitalisierung, Gesundheitsfragen, Cybersecurity und auch Cyberphysics, also Roboterisierung, beschäftigt. Als AIT-Aufsichtsratsvorsitzender halte ich es für sinnvoll, diesen Kurs um eine Institution wie dem vorgeschlagenen Technologiepark zu ergänzen.

Sie würde nicht auf einen Schlag das Problem der fehlenden IT-Fachkräfte lösen, könnte aber eine wichtige Signalwirkung haben. Denn viele Hightech-Experten aus Österreich haben Karrieren bei den „Big Five" gemacht und könnten als Lehrende ihr Wissen einbringen.

Wir sollten also nicht durch Pandemien zu Digitalisierungsschüben gezwungen werden – wir müssen die digitale Zukunft selbst in die Hand nehmen!

3.

KLIMA UND ENERGIEWENDE anpacken

Keine Tabus und Schluss mit dem Selbstbetrug

Wer Augen und Ohren hat, wird überall Zeichen für den Klimawandel entdecken. Die Altausseer Fischer erzählen, dass es immer schwieriger wird, den berühmten Altausseer Saibling zu fangen, weil sich die Fische wegen der wärmer werdenden Oberfläche immer weiter Richtung Grund zurückziehen. Nach Lektüre der oft tausende Seiten umfassenden Berichte von Expertengremien wie dem IPCC, dem Intergovernmental Panel on Climate Change, kommt man stets zum selben Schluss: Den Klimawandel zu leugnen ist zwecklos, ebenso, dass er wesentlich menschengemacht ist. Was wir beeinflussen können, müssen wir beeinflussen, und dazu gehört eine umfassende Dekarbonisierung.

Ich neige nicht zur Klimapanik, aber das Thema ist ernst und politisch seit Langem verschleppt worden. Unser Wohlstand wurde auf Kosten der natürlichen Ressourcen erwirtschaftet, wenn wir heute vom Golden Age zwischen 1950 und 1975 reden, den Jahren des Wirtschaftswunders, müssen wir uns eingestehen, dass dieser Boom durch billiges Öl ermöglicht wurde. Öl kostete damals weniger als einen Dollar pro Fass. Vor allem in den neunziger und nuller Jahren ist uns die Kostenwahrheit vollends abhandengekommen. Flüge um zehn Euro nach Mallorca & Co. sind nur die sichtbare Spitze eines Eisbergs, an dem wir zerschellen könnten, wenn wir nicht handeln. Um die Zukunft unserer Kinder und Enkel nicht zu riskieren, müssen wir den Kurs ändern.

Natürlich können wir das Klima nicht innerhalb unserer nationalstaatlichen Grenzen retten. Dazu braucht es die Weltgemeinschaft, die, wie etwa bei der Seeschiff-fahrt und beim Flugverkehr, für Landwirtschaft und Industrie Lösungen erarbeiten muss. Eine wichtige Lektion aus der Pandemie-Bekämpfung sollte dabei global beherzigt werden: Auch wenn nur die Hälfte mitmacht, wirken die Maßnahmen schon. Bei Corona galt das für Individuen, beim Klimawandel für Einzelpersonen ebenso wie für Unternehmen und Staaten. Nur wenn sich alle an die vereinbarten Regeln halten und dasselbe Ziel verfolgen, kann der Kampf gelingen.

Was wir aber an nationalen Hausaufgaben erledigen können, müssen wir endlich auch erledigen. Und es zeigt sich, dass wir auch dabei ins Hintertreffen geraten sind. Im *Klimaschutzindex* der deutschen Umwelt- und Entwicklungsorganisation Germanwatch sind wir zuletzt hinter China und Mexiko auf Platz 38 von 57 untersuchten Industrie- und Schwellenländern abgerutscht, vor allem aufgrund des schlechten Abschneidens in den Kategorien Treibhausgasemissionen, Energieverbrauch und Klimapolitik. Die Schweiz liegt auf Rang 16, auch Schweden, Finnland, Norwegen, Dänemark, Tschechien, Slowakei, Kroatien, Italien, Deutschland und Spanien liegen weit vor uns.

Der Treibhausgasausstoß gemessen in CO_2-Äquivalent pro Kopf in Österreich beträgt 9,4 Tonnen, in der Schweiz sind es 5,4 Tonnen. Österreich hinkt den vereinbarten Klimazielen weit hinterher. Bis 2030 müssen wir voraussichtlich Emissionszertifikate in Höhe von bis zu 6,6 Milliarden Euro zukaufen. Im Verkehrssektor wurde es verabsäumt, rechtzeitig die Weichen zu stellen. Zu lange wurde dem ökonomisch unsinnigen Ziel eines Nulldefizits – dieses kann je nach Konjunkturlage zu wenig oder zu viel sein – nachgejagt, und das auf Kosten von dringend notwendigen Investitionen in die Infrastruktur. Ob und wie schnell der zuletzt angekündigte Ausbau der Bahnnetze gelingen und folglich Resultate zeigen wird, bleibt abzuwarten.

Noch schwieriger sind die Voraussetzungen bei der Dekarbonisierung des Energiesystems. Es ist klar, dass wir so schnell wie möglich raus aus Öl, Kohle und Gas sowie die Erneuerbaren ausbauen müssen. Weltweit stammt derzeit laut Richard Haass (*The World. A Brief Introduction*, 2020) ein Drittel der konsumierten Energie aus Öl, knapp 30 Prozent aus Kohle und über 20 Prozent aus Gas, somit 85 Prozent aus fossilen Quellen. In Österreich sind es 66,7 Prozent. Doch ein simples „Raus aus dem Öl" wird nicht reichen. Eine echte Energiewende ist damit verbunden, lieb gewonnene Positionen zu hinterfragen. Es geht um nichts weniger als die heiligen Kühe.

Wir sind energiepolitische Nachzügler geworden, weil wir es uns verweigert haben, unsere eigenen, buchstäblich vor der Haustür befindlichen Energiequellen zu nutzen. Dazu gehört das Nein zum Atomkraftwerk Zwentendorf 1978 ebenso wie die Verhinderung der Wasserkraftwerke

Hainburg 1984 und Dorfertal 1989 und anderer Kraftwerke. Unter dem Imperativ des Klimaschutzes müssen wir aber die eigenen, nichtfossilen Möglichkeiten der Strombeschaffung nutzen, wo es nur geht.

Warum ich diese unpopuläre Position vertrete? Weil es ohne Atomkraft und ohne forcierten Ausbau der Wasserkraft nicht möglich sein wird, die Energiewende weg von den durch den CO_2-Ausstoß so gefährlichen fossilen Energieträgern zustande zu bringen. Und bei dieser Güterabwägung halte ich es für einen Fehler, dass wir uns weigern, die nächstliegenden Formen der Energiegewinnung zu nutzen – und für einen noch größeren Fehler, dass wir so tun, als wären wir gleichsam eine Energie-Insel der Seligen und unabhängig von Importen. Tatsächlich importieren wir jährlich für neun Milliarden Euro fossile Energie, das sind zwei Prozent des Bruttoinlandsprodukts und Hauptgrund dafür, dass wir ein Handelsbilanzdefizit haben. Diese politisch propagierte Haltung ist nichts anderes als Heuchelei und Selbsttäuschung.

Beginnen wir deshalb mit dem Thema Transparenz. In vielen Bereichen unseres Alltags sind wir in den letzten Jahren dazu übergegangen, die Herkunft von Gütern genau zu hinterfragen. Woher das Stück Fleisch oder das Gemüse auf dem Teller kommt, welche Wege unser Kleidungsstück genommen hat, welche Arbeitsbedingungen in fernen Ländern hinter unserem Elektronikgerät stecken – das alles ist transparenter und damit für öffentliche Kontrolle zugänglicher geworden. Nur bei Energie ist das höchstens ansatzweise der Fall. Hier geben wir uns nur allzu oft mit dem Satz zufrieden, den man uns als Kind vorgesagt hat: dass der Strom aus der Steckdose kommt.

Dabei kommt aus dieser Steckdose auch Atomstrom. Denn während rund um Österreich praktisch jedes Land eines oder mehrere Atomkraftwerke betreibt und in Ländern wie Frankreich oder Großbritannien sogar neue gebaut werden, importieren wir Strom aus diesen Kraftwerken, um unseren Bedarf zu decken. Obwohl sich der offizielle österreichische Stromkennzeichnungsreport darüber ausschweigt, kann man dieses Faktum in anderen Datenquellen finden. Demnach stammten laut Angaben des Stromkonzerns Verbund von den 28.076 Gigawattstunden, die 2018 importiert wurden, 21,4 Prozent aus Atomkraftwerken. Von diesem Fünftel der Stromimporte kam mehr als die Hälfte aus Tschechien, der Rest aus Deutschland und der Schweiz. 40,4 Prozent des Imports war Kohlestrom. 2019 ist der Atomstrom-Anteil zwar gesunken, aber an der Struktur hat sich wenig geändert. Von den Gefahren der fünf Atomkraftwerke in der Schweiz oder jener in Tschechien sind wir im Übrigen genauso betroffen.

Als politische Vision wird an die Wand projiziert, dass wir es mit einem offensiven Ausbauplan für Wasserkraft, Photovoltaik, Windkraft und Biomasse bis 2030, also in weniger als zehn Jahren, schaffen können, unseren Strom zur Gänze „grün" zu produzieren. Entgegen des gern in der Öffentlichkeit verbreiteten Bilds vom Erneuerbaren-Weltmeister ist der Anteil erneuerbarer Energiequellen beim

Stromverbrauch jedoch zwischen 1994 und 2018 von 77 auf 72 Prozent gesunken. Dänemark hat in diesem Zeitraum seinen Renewables-Anteil um 55 Prozentpunkte auf 60 Prozent gesteigert. Die Vision droht zu verblassen, noch bevor ihre Umsetzung ernsthaft in Angriff genommen wird.

Realistisch ist das 100-Prozent-Ziel ohnehin nicht. Es wäre nur dann möglich, wenn der Strombedarf in den nächsten Jahren sinkt oder zumindest gleichbleibt. Eine Fehlannahme, wie ich meine: Nur wenn es im Gefolge der Corona-Krise eine lange andauernde Weltdepression mit verheerenden wirtschaftlichen Folgen geben sollte, ist das vielleicht der Fall. Aber selbst wenn uns die Wirtschaftskrise länger begleitet, ist damit zu rechnen, dass sich die langfristige Tendenz steigenden Stromverbrauchs danach fortsetzt.

Österreich hatte 1945 einen Stromverbrauch von 0,2 Gigawattstunden. Heute beträgt er 77.000 Gigawattstunden – und er wird weiter steigen. Denn selbst wenn es uns gelingt, in den Haushalten, etwa durch energieeffizientere Geräte, Strom zu sparen, ist der zusätzliche Bedarf größer. Der Umstieg von benzin- oder dieselgetriebenen Autos auf Elektrofahrzeuge verlangt enorme Mengen Elektrizität. Das gilt auch dann, wenn Wasserstoff in der Mobilität und bei emissionsärmeren Produktionstechnologien, etwa in der Stahlproduktion, das Rennen machen sollte. Die Summe der digitalen Geräte wird mehr Strom verbrauchen, nicht weniger. Die Österreichische Energieagentur rechnet in ihren aktuellen Prognosen bis 2050 mit einer Zunahme von 15 bis 20 Prozent im Vergleich zum Niveau von 2010.

Daher ist die Frage, woher dieser Strom kommt und auf welche Weise er produziert wird, umso wichtiger.

> Rationale Energiepolitik wurde in diesem Land stets von Parteipolitik übertrumpft.

Ich unterschätze keineswegs die Risiken, die mit der Nutzung der Atomkraft verbunden sind, insbesondere was die Lagerung und Entsorgung der Brennstäbe anlangt. Doch die österreichische Diskussion zu diesem Thema war kaum je von einer kritischen, evidenzbasierten Abwägung zwischen Nutzen und Risiko geprägt, sondern von blanker Emotionalität auf der einen und krudem Opportunismus auf der anderen Seite.

Rationale Energiepolitik wurde in diesem Land stets von Parteipolitik übertrumpft. Die Volksabstimmung über die Inbetriebnahme des fertig gebauten Kraftwerks im niederösterreichischen Zwentendorf am 5. November 1978 ist nur ein Beispiel dafür. Das knappe Nein war gegen den damaligen Kanzler Bruno Kreisky gerichtet, der angekündigt hatte, im Falle einer Ablehnung zurückzutreten. Deshalb war die ÖVP, unter deren Alleinregierung 1969 der Bau von Zwentendorf grundsätzlich beschlossen worden war, nun plötzlich dagegen. Kreisky trat dennoch nicht zurück. Ironie am Rande: Das machte den Weg für eine neuerliche absolute Mehrheit der SPÖ bei den Nationalratswahlen im Mai 1979 frei.

Nach Auffassung der Experten entsprach das Kraftwerk den damals weltweit modernsten Sicherheitsstandards. Nun ließe sich natürlich argumentieren, der weitere Verlauf der Geschichte habe den Weitblick des Votums von 1978 bestätigt. Die Katastrophen von Tschernobyl 1986 als auch Fukushima 2011 haben der Welt die Augen für die Gefahren der Kernenergie geöffnet. Doch sowohl Tschernobyl und Fukushima haben lediglich die Schwächen im *Umgang* mit der Kernenergie gezeigt, nicht die Schwächen der Technologie an sich. Es waren vermeidbare Handhabungsskandale, in beiden Fällen lag gravierendes Managementversagen vor. Die Technologie hat sich seitdem zudem weiterentwickelt: Bis 2025 soll klar sein, ob die Kernfusion eine Schlüsselrolle im Kampf gegen den Klimawandel spielen kann. Der südfranzösische Fusionsreaktor ITER gilt in diesem Bereich als Pilotprojekt, auf das derzeit die Welt blickt.

Dass Österreich als Atomstromimporteur vor dem Europäischen Gerichtshof geklagt und verloren hat, weil England ein neues Atomkraftwerk bauen will, dokumentiert, dass wir in einer verlogenen, heuchlerischen Echokammer leben. Mit einer solchen Haltung ist weder die Energieversorgung noch die Eindämmung des Klimawandels zu bewältigen.

Außerhalb von Österreich wird das Thema selbst von Klimaschutzaktivisten der „Fridays for Future"-Bewegung differenziert gesehen. Auch wenn sie persönlich gegen die Kernenergie sei, schrieb die schwedische Aktivistin Greta Thunberg Anfang 2019 mit Verweis auf die Experten des

Weltklimarates IPCC, könne diese doch „ein kleiner Teil einer sehr großen kohlestofffreien Energielösung sein", insbesondere wenn Länder keinen Zugang zu erneuerbaren Energien hätten. Um bis 2050 eine nachhaltige globale Energieproduktion zu erreichen, rechnet der IPCC in seinen vier Szenarien eine Erhöhung der Kernenergie zwischen 59 und 501 Prozent mit ein.

Die Ablehnung der Atomenergie ist historisch begründbar, aber es ist Zeit, sie zu überdenken. Vergleichbar ist sie mit unserem überholten Festhalten an der Neutralität, die ein spezifisches Instrument im Rahmen des Kalten Krieges und eng mit der so genannten „Deutschland-Frage" verknüpft war. Nur mit diesem Instrument sind wir – ohnehin erst nach zehn Jahren – zum Staatsvertrag gekommen. Und wegen dieses Staatsvertrags konnten wir dann bis 1995 nicht voll an der europäischen Integration teilnehmen. Das hat uns ebenso in unserer Entwicklung behindert wie die Behinderungen und Belastungen zehnjähriger Besatzung oder die Hemmnisse durch den Eisernen Vorhang bis 1989. Im Rahmen der Vereinten Nationen, aber auch der EU kann es keine Neutralität geben, sondern allenfalls Bündnisfreiheit. Wie beim Atomstrom handelt es sich um Trittbrettfahrerei.

Das zweite große Tabu ist der Ausbau der Wasserkraft dort, wo die Voraussetzungen dafür günstig sind. Seit dem Stopp für das geplante Donaukraftwerk in Hainburg, gleichzeitig die Geburtsstunde der österreichischen Grünen, gibt es de facto keine Energiepolitik mehr.

Was jetzt zu tun ist:

Die Hoffnungen, dass die Corona-Krise die CO_2-Emissionen dauerhaft senken wird, sind naiv. Die vorübergehenden Beschränkungen des Verkehrs und der Industrieproduktion zwischen Mitte März und Mitte Mai 2020 haben zwar wunderbare Aufnahmen von smogfreien Städten und glasklaren Gewässern ermöglicht. In der Gesamtbilanz wird die kollektive Atempause höchstens eine Delle hinterlassen; das Wirtschaftsforschungsinstitut prognostiziert für Österreich einen Rückgang der CO_2-Emissionen von 7,1 Prozent, dem 2021 wieder eine deutliche Zunahme folgen soll.

Der Klimaschutz darf auf keinen Fall zugunsten kurzfristiger konjunkturpolitischer Überlegungen ausgebremst werden; er muss im Gegenteil Fixbestandteil dieser Überlegungen sein. Eine Steuerreform muss deshalb nicht nur auf die Stärkung der Kaufkraft Rücksicht nehmen, sondern auch auf Dekarbonisierung. Es braucht dazu nicht homöopathische Symbolpolitik, sondern einschneidende Maßnahmen. Eine Flugticketabgabe in Höhe von 12 Euro ist eine Augenauswischerei. Selbst die von der türkis-grünen Regierung geplante Anhebung dieser Abgabe für Kurzstreckenflüge unter 350 Kilometer auf 30 Euro ist zu wenig; in der Schweiz werden 30 bis 120 Franken (28 bis 112 Euro) für Kurzstrecken aufgeschlagen.

Solche Einzelmaßnahmen sind in erster Linie Kosmetik. Wenn gelenkt werden soll, muss die Luftfahrt gesamteuropäisch besteuert werden, zum Beispiel in Form einer Kerosinsteuer für alle. Ebenso braucht es eine CO_2-Steuer. Sie muss hoch sein, also wehtun. Sie darf nicht bloß der Gewissensberuhigung dienen. Sonst hat sie keinen Lenkungseffekt und wirkt nicht. Damit man die Industrieflaggschiffe wie Voestalpine, OMV, Jungbunzlauer oder die Zement- und Papierindustrie nicht umbringt, müssen politische Lösungen erarbeitet werden, etwa für Übergangsbestimmungen.

Die Umstellung von privaten Ölheizungen auf umweltfreundliche Alternativen müssen wir großzügig fördern, ebenso die Nutzung von Erdwärme im industriellen Bereich. Um fossile Antriebe auch im Verkehrsbereich zurückzudrängen, müssen wir uns endlich davon verabschieden, ein Niedrigtreibstoffland zu sein. Tanktourismus beschert dem Finanzminister zwar ein Körberlgeld, verzerrt aber die CO_2-Bilanz in großem Maßstab und kostet uns Milliarden an Strafzahlungen.

Der angekündigte Ausbau der Bahn und die Einführung des 1-2-3-Tickets ab 2021 sind sinnvoll, eine Reform des Pendlerpauschales soll an die Benützung der öffentlichen Verkehrsmittel geknüpft werden. Dieses Pendlerpauschale ist in der bisherigen Form nicht für die wirklich wenig verdienenden Pendler aus dem Südburgenland, aus dem Waldviertel oder aus der Oststeiermark konzipiert, sondern für die gut verdienenden Speckgürtel-Bewohner und heißt daher zurecht „Speckgürtel-Pauschale". Sie ist das Gegenteil von Klimaschutzförderung.

In der Energiepolitik ist ein Eingeständnis notwendig, verbunden mit einer Kurskorrektur:

Der geplante Ausbau der erneuerbaren Energie ist begrüßenswert. Aber wir haben die Voraussetzungen dafür nicht: Wir liegen weder an der Nord- noch an der Ostsee, wo die Windkraft günstig ist, und auch nicht in Nordafrika, wo die Herstellung von Sonnenstrom Sinn macht. Biomasse hat selbst einen erheblichen CO_2-Ausstoß, und über neue Wasserkraftwerke diskutieren wir nicht. Deshalb ist der Erneuerbaren-Ausbau allein kein in sich schlüssiges Konzept, das mit der Zielsetzung, den CO_2-Ausstoß und damit die Klimabelastung zu reduzieren, nur einigermaßen in Einklang steht.

Mit der Verhinderung von Zwentendorf, Hainburg, Dorfertal und anderen Kraftwerken sind wir energiepolitisch und damit umwelt- und klimaschutzmäßig den falschen Weg gegangen. Mit diesem Eingeständnis wäre ein Anfang zu einer ehrlicheren Grundhaltung gemacht. Dass wir Kernenergie als Teil unseres Strommixes akzeptieren, würde eine gesamteuropäische energiepolitische Zusammenarbeit erleichtern. Ähnlich ist der Widerstand gegen den Stromleitungsbau neu zu bewerten. Er hat dazu geführt hat, dass es noch immer keine Energieeffizienz schaffende, durchgehende 380-kV-Leitung gibt.

Aus allen genannten Gründen würde ich aber nicht ausschließen, eine weiterentwickelte Technologie im Bereich der Kernspaltung oder -fusion zur Energiegewinnung in

Österreich ins Auge zu fassen, wenn das im Kampf gegen den Klimawandel vielversprechend ist.

Die Zeit drängt, und dennoch sollten wir uns nicht drängen lassen. Wir sollten nach dem Prinzip handeln, einzelne durchführbare und wirksame Maßnahmen wie die Reform des Pendlerpauschales oder die Treibstoffbesteuerung so schnell wie möglich zu beschließen. Nur durch die Reduktion von fossilen Energieträgern werden wir es aber nicht schaffen, deshalb sind Technologien zur CO_2-Bindung und -Lagerung zu forcieren.

Darüber hinaus sollten wir aber nicht aus den Augen verlieren, dass wir es mit einer grundlegenden und komplexen Systemumstellung zu tun haben. Diese in eineinhalb Jahren aus dem Boden zu stampfen, kann erst recht nach hinten losgehen. Zur Erinnerung: Als wir 1973 die Mehrwertsteuer einführten, gingen diesem Vorhaben acht Jahre Vorbereitung voraus.

4.

MIGRATION
betrifft uns alle

Das xenophobe Spiel beenden

Ich war sieben Jahre alt, als meine mährischen Verwandten und alle anderen Dorfbewohner vertrieben wurden. So erging es 1945 der Bevölkerung in vielen Dörfern der Region. Ein paar Kilometer weiter, auf der österreichischen Seite, haben hiesige Verwandte 34 Leute aufgenommen – sie lebten in einer Keusche, die nicht viel größer war als mein Arbeitszimmer. Mit acht und neun Jahren war ich Pflegekind: erst bei einer Bergbauernfamilie im Bregenzerwald, danach eben im belgischen Molenbeek, wo mich ein Lehrerehepaar aufnahm, das selbst bereits sieben Kinder hatte. Und weil bei dem Transport nach Belgien ein Kind übrig geblieben war, das dessen Mutter noch schnell in den Zug hineingeschwindelt hatte, wurde es von diesem flämischen, katholischen Paar eben auch noch mit aufgenommen – so waren es halt neun.

Von dieser am eigenen Leib erfahrenen Hilfsbereitschaft habe ich später versucht, etwas zurückzugeben. In unserem Haus in Wien-Neustift haben wir in der Jugoslawien-Krise eine bosnische Familie – eine Mutter mit drei Töchtern – für ein halbes Jahr aufgenommen. Später kam auch noch der Vater nach. Sie alle sind österreichische Staatsbürger geworden und haben Job und Wohnung gefunden. Die Kinder haben erfolgreich die Schule absolviert. Eine kosovarische Familie haben wir in den nuller Jahren in Graz ähnlich unterstützt. Es hat acht Jahre gedauert, bis der Rechtsanwalt, den ich beauftragt hatte, endlich die Aufenthaltsbewilligung erreichte, damit sie eine Beschäftigungserlaubnis bekamen. Später haben auch in dieser Familie alle drei Kinder die österreichische Schule und inzwischen auch ein Studium erfolgreich gemeistert.

Umso mehr ärgert mich, wie das Thema in den letzten Jahren von der österreichischen Politik behandelt worden ist. Sowohl der derzeitige Kanzler als auch sein früherer Kurzzeit-Koalitionspartner von der FPÖ haben Ängste instrumentalisiert. Dem einen ging es darum, international Aufmerksamkeit zu erregen, unter anderem mit der angeberischen Behauptung, er habe die Balkanroute geschlossen. (Das hat selbstredend die deutsche Kanzlerin Angela Merkel bewerkstelligt, indem sie einen Flüchtlingsdeal mit dem türkischen Staatspräsidenten Erdoğan geschlossen hat, der von der EU in zwei Tranchen sechs Milliarden Euro erhält, um vor allem 3,6 Millionen syrische Flüchtlinge in seinem Land zu halten.) Dem anderen ging es darum, die niedersten Instinkte seiner Anhänger zu bedienen. Das Spiel mit der Xenophobie hat bei den Freiheitlichen seit Langem Tradition, leider inzwischen auch in der ÖVP.

Im Wahlkampf für die Wien-Wahl im Herbst 2020 hat man leider von keiner der beiden Rechtsparteien Signale vernommen, dass man dieses zynische Spiel durch Politik ersetzen will. Die Versuche der ÖVP-Integrationsministerin, Wiener Schüler mit einer anderen Umgangssprache als Deutsch zum Problemfall hochzustilisieren, gehen an sämtlichen wissenschaftlichen Erkenntnissen zu dieser Frage vorbei und dienen einzig und allein der Stimmungsmache. Der Kurs, Lehrlinge mit in Österreich abgeschlossener Ausbildung, aber negativem Asylbescheid abzuschieben, ist auch unter Türkis-Grün beibehalten worden. Wie lange die Grünen dagegenhalten, bleibt abzuwarten.

> Das Migrationsthema ist vom Corona-Virus nicht verdrängt, sondern nur überlagert worden.

Aber auch die österreichische Sozialdemokratie hat sich beim Thema Migration immer schwergetan. Die Gewerkschaft wollte keine Konkurrenz für ihre Mitglieder am Arbeitsmarkt und hat irgendwann übersehen, dass uns Arbeitskräfte fehlen und die demographischen Veränderungen uns zu einer Öffnung zwingen. So haben sie zu einer Grundstimmung beigetragen, die zum Teil zuwanderungsfeindlich war. Und von der Zuwanderungs- zur Ausländerfeindlichkeit ist es nicht weit. Deshalb ist die SPÖ denkbar schlecht gerüstet für die großen politischen Diskussionen und zu treffenden Entscheidungen auf diesem Gebiet.

Denn sicher ist: Das Migrationsthema ist vom Corona-Virus nicht verdrängt, sondern nur überlagert worden. Kurz bevor die Krise Europa mit voller Wucht traf, kochte es Ende 2019 – in den politischen Führungsebenen ebenso wie in den Massenmedien – erstmals seit vier Jahren wieder über. 2015 war es der Umgang mit flüchtenden Menschen aus Syrien, Irak und Afghanistan gewesen, der den Alten Kontinent vor eine Bewährungs- und Belastungsprobe stellte. Nun, Ende 2019, waren nach Kämpfen in Nordsyrien, insbesondere nach schweren Bombardements in der Provinz Idlib, erneut große Ströme Richtung Türkei unterwegs; Erdoğan ließ Zigtausende von ihnen weiter Richtung Griechenland ziehen. Dort saßen sie im Lager Moria auf der Insel Lesbos fest. Acht EU-Staaten, darunter Deutschland, Frankreich und Luxemburg, erklärten sich immerhin bereit, 1.600 Kinder und unbegleitete Jugendliche aufzunehmen. Österreich war schändlicherweise nicht darunter – ein trauriger Akt von Herzlosigkeit und fehlender Mitmenschlichkeit.

Man muss kein Prophet sein, um vorauszusagen, dass Migration auch dann noch die internationale Politik beschäftigen wird, wenn die Corona-Pandemie längst besiegt ist. Und an den Fluchtursachen wird sich dann wenig geändert haben. Im Gegenteil: Außerhalb der Wohlstandszonen der Welt werden die Corona-Erfahrungen der Menschen mit den Gesundheitssystemen und Politikern in ihrer Heimat – in Afrika, im Nahen und Mittleren Osten, in Südamerika – zu noch mehr Frustration führen. Ihre Länder drohen wirtschaftlich um Jahre zurückgeworfen zu werden; und die begonnene De-Globalisierung wird ihnen Entwicklungschancen rauben. Die Folgen des Klimawandels mit Dürren, Unwettern und steigendem Meeresspiegel sowie Mangel an sauberem Wasser und Nahrungsmitteln setzen sie zusätzlich unter Druck. Für jedes Grad Erderwärmung wird mit einer Milliarde Menschen gerechnet, die sich in Bewegung setzen. Es werden folglich immer mehr in die entwickelten Regionen der Welt wollen. Der Migrationsdruck wird eher zu- als abnehmen.

Zunächst ist es einmal notwendig, zwischen Migration mit dem Ziel, bessere Chancen für sein Leben zu finden, und der Flucht vor einer lebensbedrohenden Lage zu unterscheiden. Beim einen geht es um Steuerung, beim anderen um Menschenrechte. Beim einen geht es aus Sicht der Aufnahmeländer um Zweckmäßigkeit, beim anderen um Barmherzigkeit und Hilfe. In beiden Fällen sind die Motivlagen der Migranten nachvollziehbar, aber ohne Regeln können Wanderungsbewegungen ganze Gemeinwesen an die Grenzen ihrer Absorptionsfähigkeit bringen.

Beginnen wir bei jenen, die vor Krieg und Verfolgung fliehen. Von den rund 250 Millionen Menschen weltweit, die derzeit nicht mehr in ihrem Heimatland leben, haben sich laut Daten des UN-Flüchtlingshochkommissariats UNHCR 2019 79,5 Millionen aufgrund von bewaffneten Konflikten in Bewegung gesetzt, so viele wie seit dem Ende des Zweiten Weltkriegs nicht mehr. Von diesen fast 80 Millionen flüchteten 45,7 Millionen innerhalb der eigenen Landesgrenzen, 29,6 Millionen waren gezwungen, ihr Heimatland zu verlassen, und 4,2 Millionen warteten noch auf den Ausgang ihres Asylverfahrens.

Österreich hat eine stolze Tradition des Helfens. Ich sage das nicht, weil man es in Sonntagsreden eben so sagt – meine eigenen Erfahrungen haben mich geprägt. 1945 kamen buchstäblich von einer Stunde auf die andere Vertriebene in riesigen Zahlen, denen geholfen wurde, obwohl das Land am Ende des Zweiten Weltkriegs nichts zu bieten hatte. Nach dem Ungarn-Aufstand 1956 war es ähnlich, ebenso nach dem Prager Frühling 1968 und in der Zeit der Jugoslawienkriege ab 1990.

Bis zur Flüchtlingswelle 2015 hat die von vielen Populisten lächerlich gemachte österreichische Willkommenskultur folglich stets funktioniert. Neben der Frage, wie viele Menschen kommen, war dabei aber stets auch die Frage entscheidend, wie viele von ihnen bleiben. Sie betrifft ganz wesentlich die Perspektiven der Herkunftsländer, wie der Philosoph Julian Nida-Rümelin, früherer Kulturstaatsminister im Kabinett von SPD-Kanzler Gerhard Schröder, in seinem lesenswerten, 2017 erschienen Essay *Über Grenzen denken* schreibt: „Sinn der Aufnahme von Bürgerkriegs- und Kriegsflüchtlingen ist es, vorübergehend Schutz zu bieten, um dann möglichst rasch nach Beendigung des Krieges eine Rückkehr und die Unterstützung des Wiederaufbaus des Heimatlandes möglich zu machen."

Die Rückkehrquote hat sich in den letzten Jahrzehnten jedoch verschlechtert. Laut UNHCR konnten in den 1990er Jahren jedes Jahr durchschnittlich 1,5 Millionen Flüchtlinge nach Hause zurückkehren. In den letzten zehn Jahren ist diese Zahl auf rund 390.000 Flüchtlinge jährlich gesunken.

Wie sah und sieht dieses Verhältnis in Österreich aus? Von den 190.000 Ungarn-Flüchtlingen 1956 hatten schon Anfang des Folgejahres 70 Prozent das Land wieder verlassen, meist in Richtung anderer westlicher Staaten; rund 15.000 dürften in Österreich geblieben sein. Von den 115.000 Menschen aus Ex-Jugoslawien, denen Österreich ab 1992 Schutz bot, blieb ein größerer Prozentsatz: von den 90.000 Bosniern allein rund zwei Drittel. Unter ihnen war die Familie der derzeitigen Justizministerin Alma Zadić. Um zu beurteilen, wie viele Syrer, Iraker oder Afghanen in den letzten Jahren Österreich wieder verlassen haben, ist es noch zu früh – die Situation in ihren jeweiligen Heimatändern ist allerdings alles andere als unterstützend.

> Es ist verwerflich, dass die ÖVP-FPÖ-Regierung jugendliche Asylwerber erst eine Lehre hat machen lassen, bevor man sie aus dem Land geworfen hat.

Gelingt es, die Geflüchteten in Berufe zu lotsen, die von der aufnehmenden Gesellschaft und ihrer Wirtschaft dringend benötigt werden, werden sie über den Arbeitsmarkt auch Teil der Gesellschaft. Wenn sich der Schutz mit dem Bedarf des Gastlandes verbinden lässt, ist folglich auch Integration eine bewältigbare Aufgabe. Beide Seiten haben dann etwas gewonnen.

Umso verwerflicher ist es, dass die kurzlebige ÖVP-FPÖ-Regierung in Österreich jugendliche Asylwerber erst eine Lehre hat machen lassen, bevor man sie aus dem Land geworfen hat. Zum Glück gibt es immer wieder Initiativen der lokalen Bevölkerung, um solche jungen Menschen vor der Abschiebung zu bewahren.

Das Bedarfsargument sollte man aber nicht mit Asylpolitik vermischen, die a priori andere Ziele verfolgt. Es kommt stärker bei der Zuwanderung aus wirtschaftlichen Gründen zum Tragen. Dass weder Österreich noch die Europäische Union insgesamt alle Wirtschafts- oder Armuts- oder Klimaflüchtlinge aus Afrika, dem Iran oder dem Mittleren Osten aufnehmen können, liegt auf der Hand.

> Wir brauchen die Zuwanderer, um wesentliche Pfeiler des Systems aufrechtzuerhalten.

Ebenso klar ist aber auch: Ohne Migration wird Europa immer mehr vergreisen. In Österreich stehen derzeit 4,1 Millionen Erwerbstätige bald 2,5 Millionen Pensionisten gegenüber. Zu propagieren, man könne sämtliche Leistungen des Staates und die Weiterentwicklung der Wirtschaft mit geschlossenen Arbeitsmärkten bewerkstelligen, ist politisch kurzsichtig. Wie die ersten Tage des so genannten Corona-Shutdowns ab Mitte März 2020 gezeigt haben, sind ohne die slowakischen 24-Stunden-Pflegekräfte, ohne die rumänischen Bauarbeiter sowie ohne die ukrainischen

Spargelstecher und bosnische Holzschläger ganze Sektoren nicht mehr funktionsfähig. Plötzlich mussten jenen Prämien bezahlt werden, denen vorher in Folge populistischer Politik Sozialleistungen wie die Familienbeihilfe gekürzt worden waren, obwohl sie gleichviel einzahlen müssen.

Seitdem sollte klar geworden sein: Wir brauchen die Zuwanderer, um wesentliche Pfeiler des Systems aufrechtzuerhalten. Insbesondere Länder, die demographisch schrumpfen, setzen deshalb auf langfristige Strategien. Laut einer Studie des Berlin-Instituts für Bevölkerung und Entwicklung dürfte bis 2030 in der gesamten EU der Anteil der erwerbsfähigen Bevölkerung um rund sieben Prozent zurückgehen. Die Schweiz, die mit 25 Prozent einen höheren Anteil an Zuwanderern als Österreich aufweist, führt mit einem sehr rigiden, kontrollierten System bereits jetzt vor, dass Zuzug mit klaren Spielregeln zu bewältigen ist.

Die gezielte Anwerbung von Hochqualifizierten, etwa von IT-Fachkräften oder Medizinern, stellt uns allerdings vor ein ethisches Dilemma. Der Braindrain beeinträchtigt die Innovationskraft der Herkunftsländer. „Wer, wenn nicht die Hochqualifizierten in den ärmeren Ländern der Welt könnte dort eine eigenständige, vitale Entwicklung vorantreiben?", schreibt Nida-Rümelin. Auch im Pflegebereich seien jene, die wir zu uns holen, oft jene, die anderswo fehlen. Nida-Rümelin: „Es kann ja nicht sein, dass wir hier eine schlechte Qualifizierungspolitik betreiben, weswegen zum Beispiel Krankenschwestern und

Altenpfleger fehlen, während manche afrikanische Staaten große Anstrengungen unternehmen, um auszubilden und dann zusehen müssen, wie die Besten ihr Land in Richtung Europa verlassen."

Diese Fragen gehören dringend auf internationaler Ebene diskutiert, um einen Ausgleich zwischen den Interessen einzelner Volkswirtschaften und globalen Entwicklungsperspektiven zu finden.

In Österreich wurde der Zusammenhang zwischen demographischer Entwicklung und notwendiger Zuwanderung leider lange Zeit lautstark negiert oder aus Angst vor populistischer Ausbeutung unter den Tisch gekehrt. Dabei ist evident, dass unsere Reproduktionsrate von derzeit 1,4 Kindern pro Frau gegen 1,0 tendieren würde, gäbe es die Zuwanderer nicht. Es traut sich nur niemand laut auszusprechen: Ohne Migranten hätten wir längst schon eine schrumpfende Ein-Kind-Gesellschaft wie China, Japan oder Russland.

Es gab zwar in den letzten Jahrzehnten eine Reihe von familienpolitischen Maßnahmen, mit denen versucht wurde, über steuerliche Anreize sowie die Erhöhung und Ausdifferenzierung der Karenzgelder die Geburtenrate anzuheben. Doch das hat nichts bewirkt. Nur wenn man politisch die Voraussetzungen dafür schafft, dass sie ihre Berufe und ihre Familien unter einen Hut bringen können, entscheiden sich junge Frauen und Männer für mehr als ein Kind. Deshalb braucht es Investitionen in das ganztätige vorschulische Betreuungssystem und in Ganztagsschulen.

Die Franzosen haben genau das gemacht, deshalb haben sie nach wie vor eine Geburtenrate von 2,1.

Misstrauen gegenüber Zuwanderern ist natürlich nichts Neues. Ich erinnere mich noch an eine Aktion der österreichischen Werbewirtschaft aus dem Jahr 1973. Da gab es ein Plakat der Werbefirma Lintas, auf der ein großer Mann und ein kleiner Bub zu sehen waren. Der kleine Bub sagt zu dem großen Mann: „I haaß Kolarić, Du haaßt Kolarić. Warum sogns' zu Dir Tschusch?" Das Thema Fremdenfeindlichkeit war also schon Mitte der 1970er Jahre in der Öffentlichkeit. Allerdings wurde es nicht so missbraucht, wie das heute durch die unerträgliche populistische Re-Nationalisierung der Fall ist, von der FPÖ und ÖVP über Viktor Orbán bis hin zu Donald Trump.

Was jetzt zu tun ist:

Wer politisch Mumm hat, stellt sich hin und klärt die Bevölkerung auf, dass wir eine Gesellschaft werden müssen, in der bald ein Viertel, vielleicht sogar einmal ein Drittel der Österreicher in dieser oder in der Generation ihrer Eltern zugewandert sind, so wie das in der Monarchie gang und gäbe war. Derzeit beträgt dieser Anteil in Österreich 23,7 Prozent, in der Schweiz und Deutschland bereits über 25 Prozent. Bei einem Fortschreiben der bisherigen demographischen Trends ist eine solche Größenordnung unausweichlich.

Warum „müssen"? Nur mit den Zuwanderern und ihren Leistungen können die hohen Standards unseres Sozialstaats gesichert werden. Volkswirtschaftlich ist es überdies unsinnig, erwachsene und in den Arbeitsprozess eintretende Zuwanderer, wie das in Tourismus, Pflege oder Bauwirtschaft der Fall ist, auszusperren. Diese Gruppe zahlt, ohne dass wir die Vorlaufkosten ihrer Kindheit und Schulzeit gehabt haben, sofort in das System ein – und das nicht zu wenig, wie man an unseren hohen Lohnnebenkosten ablesen kann.

Daher ist es notwendig, dass wir uns mental öffnen und eine offene Diskussion über die Schritte beginnen, die notwendig sind, um diesen Prozess so sozial- und kulturverträglich wie möglich zu gestalten. Eine solche Position zu artikulieren und die erforderlichen Maßnahmen zu treffen, erfordert aber echtes politisches Leadership – und nicht bloß ein auf Ressentiments gestütztes, selbstbeweihräucherndes Regieren von Meinungsumfrage zu Meinungsumfrage.

Migration kann aber nicht innerhalb nationalstaatlicher Grenzen geregelt werden, es braucht auch hier eine europäische Lösung. Dazu gehört, koordiniert an der Bekämpfung der Fluchtursachen zu arbeiten, aber auch auf die Einhaltung der Menschenrechte zu pochen und bei der Arbeitsmigration auf Qualifikation und Bedarf zu achten, aber auch auf die Auswirkungen in den Herkunftsländern – siehe Erntehelfer, siehe Pflegerinnen, siehe Spitalspersonal, siehe Beschäftigte in der Bauwirtschaft oder im Tourismus.

Flüchtlingen ist im Rahmen der Möglichkeiten aus Menschenrechtsgründen zu helfen. Das xenophobe, populistische Spiel mit ihnen ist zu beenden. Migration muss man sinnvoll und menschenwürdig steuern. Und natürlich braucht es auch dafür eine europäische Lösung.

5.

POPULISMUS
enttarnen

Sozialdemokratie, bitte aufwachen!

Mit Bruno Kreisky hat mich bekanntlich ein besonderes, aber auch spannungsreiches Verhältnis verbunden, über das viel geschrieben und noch mehr spekuliert worden ist. Das Geniale an ihm war, dass er das Wirtschaftsdenken auch in der Sozialdemokratie verankert hat. Berühmt geworden ist seine „Ökonomische Versammlung" im Palais Auersperg, zu der er im April 1967 lud. Das Resultat war ein viel beachtetes Wirtschaftsprogramm mit den Leitworten „Leistung – Aufstieg – Sicherheit". Leider ist diese Wirtschaftskompetenz, gepaart mit Freisinnigkeit, später wieder verloren gegangen. Ich bin und bleibe ein wirtschaftsliberal orientierter Sozialdemokrat, angeleitet von Humanismus und Aufklärung, von Toleranz, Solidarität und sozialer Verantwortung.

Durch meine Tätigkeit in der Steuerberatung hatte ich sehr früh Einblicke in die Arbeitsweise von Betrieben und kam zum Schluss, dass Wirtschaft ein viel zu komplexer Vorgang ist, um sie vollständig durchzuplanen – an die Planwirtschaft habe ich deshalb nie geglaubt. Auf der anderen Seite haben die ultraliberalen Ökonomen wie Milton Friedman oder Friedrich von Hayek geirrt, sie waren mit Eifer marktreligiös. Ich bin ein etatistischer Marktwirtschaftler geworden. Staatsbeteiligungen an Unternehmen können in Krisensituationen Sinn machen, dauerhaft sind sie bei kritischer öffentlicher Infrastruktur und Versorgungeinrichtungen – etwa die Netze für Daten, Bahn und Strom oder Schulen und Spitäler – notwendig. Leider ist alles, was sich wirtschaftsorientiert nennt, in der Partei verdächtig geworden.

Wie aber muss sich die österreichische Sozialdemokratie in Zeiten der Digitalisierung, des Klimawandels und einer profunden Wirtschaftskrise als Folge einer weltweiten Pandemie aufstellen, um Antworten auch auf die Fragen des 21. Jahrhunderts geben zu können?

Sie hat in den mehr als 130 Jahren ihres Bestehens stets für die Gestaltung eines selbstbestimmten Lebens gekämpft, für demokratische Mitsprache, soziale Sicherheit, Bildung, breiten Wohlstand, Freizeit und Mobilität, Wohn- und Lebensqualität, Meinungsfreiheit, Glaubensfreiheit, Emanzipation. Im Mittelpunkt standen Chancengleichheit und soziale Gerechtigkeit auf breiter Basis.

Der unerwartete Aufstieg Westeuropas nach 1945, in dem Wirtschaftsaufschwung und die Schaffung des Wohlfahrtsstaats Hand in Hand gingen, hatte den Sozialliberalen Ralf Dahrendorf 1983 zu seinem berühmten Diktum veranlasst, das „Ende des sozialdemokratischen Jahrhunderts" sei besiegelt – denn mit der Verwirklichung des Wohlfahrtsstaates sei das alte, seit Generationen verfolgte Ziel einer besseren, gerechteren Gesellschaft weitgehend in die Realität umgesetzt. Mehr als 30 Jahre später scheinen ihm die Wahlergebnisse der sozialdemokratischen Parteien quer durch Europa recht zu geben: Flügelkämpfe und die Erosion der traditionellen Arbeiterschaft machen ihnen schwer zu schaffen. In Deutschland, obwohl in einer Regierung mit der CDU, in Frankreich und den Niederlanden sind sie ein Schatten früherer Zeiten, in Großbritannien hatten sie den verantwortungslosen Brexiteers nichts entgegenzusetzen, selbst die Dauerhaftigkeit der spanischen Minderheitsregierung unter Pedro Sánchez bleibt abzuwarten. Daneben stellt sie immerhin noch in Portugal, Dänemark, Finnland oder Schweden den Ministerpräsidenten.

> ## Die österreichische Sozialdemokratie hat offenbar keine Antworten auf die Fragen des digitalen Zeitalters gefunden.

Die Sozialdemokratie in Europa ist also noch nicht tot, aber sie hat schon bessere Zeiten erlebt. Dramatisch schlechte erlebt sie in Österreich, weil sie offenbar keine Antworten auf die Fragen des digitalen Zeitalters gefunden hat und auch kein Personal zur Verfügung hat, das etwaige Antworten glaubhaft zu vertreten vermag. Seit Alfred Sinowatz, der 1986 seine Kanzlerschaft beendete, hat die SPÖ die Nachwuchsarbeit völlig vernachlässigt. Und daher fehlt es an Führungsfiguren.

Das wird angesichts des haarsträubenden Corona-Managements der Bunderegierung unter Sebastian Kurz überdeutlich, das einer gut aufgestellten Opposition eine Reihe von unerwarteten Chancen gebracht hat, politisch

wieder mitzumischen. Denn von der anfänglichen Panik-
mache („Es wird 100.000 Tote geben", „Jeder wird einen
kennen, der an Corona gestorben ist", „Ruhe vor dem
Sturm") ist weit verbreitete Angst geblieben, die sich volkswirtschaftlich etwa in Konsumzurückhaltung und einer
erhöhten Sparrate ausdrückt. Diese ist von acht Prozent
im ersten Halbjahr 2019 auf über 13 Prozent im ersten
Halbjahr 2020 hochgeschnellt. Aufgabe verantwortungs-
voller Politik wäre es, diese Angst zu nehmen und Zuversicht, Hoffnung und Optimismus zu stiften.

> ## Im Dunklen sind neue, große Ungerechtigkeiten entstanden, auf die in der Krise die Scheinwerfer gerichtet waren.

Dazu gehört Transparenz im Sinne von Offenlegung der
Grundlagen, die zu politischen Entscheidungen führen.
Das war bei den weitgehend anonymen Corona-Taskforces
nicht der Fall. Stereotype Pressekonferenzen im Stil einer
Muppet Show, in denen sprechpuppenartig Worthülsen
wie Maschinengewehrsalven abgefeuert werden, markieren
einen Tiefpunkt politischer Kommunikationskultur. Über
unzulänglich umgesetzte Hilfsprogramme, nachbarschafts-
feindliches Grenzmanagement, Anti-Europapolitik und die
autoritäre Orbánisierung wurde schon an anderen Stellen in
diesem Buch geschrieben.

Eine entschlossene Antwort auf diesen beängstigenden
Vormarsch des Populismus, verbunden mit zensurierender

Message Control, ist jedoch ausgeblieben. Das ist geradezu sträflich, denn die Corona-Zeit brachte etwas zum Vorschein, das den Markenkern der Sozialdemokratie berührt: die eklatant ungerechte Verteilung von Chancen in unserem Land, die es zu bekämpfen gilt.

Im Dunklen sind neue, große Ungerechtigkeiten entstanden, auf die in der Krise – wenn auch nur kurz – die Scheinwerfer gerichtet waren: auf die Arbeitsverhältnisse der Leiharbeiter und Ich-AGs, auf die Wohnverhältnisse von Erntearbeitern, auf die Lebenswelten der prekär Beschäftigten. Diese Welten gilt es besser auszuleuchten. Dass die Postgewerkschaft nichts von den Arbeitsumständen der Leiharbeiter in ihren Verteilzentren gewusst haben will, ist beschämend und bezeichnend für die Mehrklassengesellschaft, die ausgerechnet in einem Staatsbetrieb wie der Post inzwischen entstanden ist.

Schon die ersten Wochen nach dem großen Shutdown haben überdies gezeigt, wie groß die Gefahr einer Spaltung der Gesellschaft durch unterschiedliche Zugangschancen zum Bildungssystem geworden ist. Wir drohen insbesondere junge Menschen zu verlieren, noch bevor sie in die digitale Gesellschaft mit all ihren komplexen Anforderungen eingetreten sind.

In der kreativen Plattformökonomie der Tech-Giganten werden höher qualifizierte Fähigkeiten stärker nachgefragt und besser bezahlt werden. Für alle übrigen, so steht zu befürchten, bleibt lediglich die „Gig-Ökonomie": gering bezahlte Tätigkeiten bei formeller Selbständigkeit

(„Ich-AGs") und hoher Abhängigkeit oder Null-Stunden-Verträge, bei denen auch die Fixierung von Mindestlöhnen wirkungslos ist. Es droht ein neues Prekariat oder Proletariat zu entstehen, das sich nicht mehr nur aus Nicht-Qualifizierten, sondern zunehmend auch aus Angehörigen des Mittelstands speist. Durch die schwere wirtschaftliche Krise nach Covid-19 wird diese Entwicklung beschleunigt.

Daneben gibt es die vielen historisch gewachsenen Unterschiede zwischen Beamten, Angestellten und Arbeitern, zwischen Fix- und Leasingpersonal, zwischen „echten" Selbständigen und solchen, die lediglich vor dem Finanzamt Selbständige sind. Diese Ungleichheiten kommen vor allem auch im Pensionssystem zum Ausdruck, in dem insbesondere Frauen als Folge der Teilzeitbeschäftigung die Altersarmut droht, wenn nicht gegengesteuert wird.

In Österreich kommt verschärfend hinzu, dass Bildung in hohem Maße vererbt wird, also ein beträchtlicher Teil des sozioökonomischen Erfolgs oder auch Misserfolgs von einer Generation zur nächsten weitergegeben werden. Wer in das unterste Erwerbsviertel hineingeboren wurde, wird mit großer Wahrscheinlichkeit auch dort bleiben. Sollte der internationale Trend einer zunehmenden Spaltung der Gesellschaft stärker auf Österreich übergreifen und sollten sich nicht gleichzeitig die Chancen auf sozialen Aufstieg deutlich verbessern, wird dies zwangsläufig zu gefährlichen sozialen und in der Folge auch politischen Konflikten führen.

An diesem Punkt muss die Sozialdemokratie, die das Thema Bildung in den letzten Jahrzehnten sträflich vernachlässigt, ansetzen. Gerechter und besser wird unsere Welt nur, wenn Bildungsarmut, Bildungsnotstand und extreme Chancenungleichheit beseitigt werden. Von der durch und durch bildungselitären ÖVP ist in dieser Richtung nichts zu erwarten. Leider sind die Grünen dafür das Feigenblatt.

> Wir brauchen eine Magna Charta des Internet, eine digitale Straßenverkehrsordnung und ein digitales Steuersystem.

Die Digitalisierung fordert die Sozialdemokratie aber auch heraus, wieder stärker international zu denken und zu handeln. Auf der Weltbühne sind antidemokratische Überwachungsstaaten und ein digitaler Überwachungskapitalismus, der seine Wurzeln im Silicon Valley hat, entstanden. Unternehmen wie Google, Apple, Facebook, Microsoft oder Netflix auf der US-Seite, Alibaba, Tencent oder Huawei auf der chinesischen Seite geben den Ton an und definieren die Chancen von Milliarden Menschen in der digitalen Sphäre. Sieben der zehn wertvollsten Unternehmen der Welt sind heute Internet-Giganten, fünf von ihnen sind US-amerikanische Firmen.

Diesen digitalen Gegebenheiten fehlen bislang angemessene Spielregeln. Wir brauchen deshalb eine Magna Charta des Internet, eine digitale Straßenverkehrsordnung und ein digitales Steuersystem. Für diese komplexen Themen des globalen digitalen Zusammenlebens braucht die Sozialdemokratie ebenso Expertise wie für Fragen internationalen Zusammenhalts. Gerade die Gewerkschaften, die meist nach wie vor mit den Sozialdemokraten verbunden sind, müssten sich stärker über die nationalstaatlichen Grenzen hinaus engagieren. Die Sozialdemokratie insgesamt muss sich jenem weltoffenen Internationalismus verpflichten, der oft kleingeistigem Provinzialismus, opportunistischem Populismus und verbissener Kleinstaaterei in einem Neo-Biedermeier geopfert wurde.

Denn es ist brandgefährlich, dass die nationalstaatliche Orientierung zunimmt und die von US-Präsident Donald Trump angeprangerte Globalisierung im Zuge der Corona-Krise einen weiteren Rückschlag erhalten hat. Dabei sind die Probleme, die es zu lösen gilt, buchstäblich grenzenlos: Die Klimaerwärmungs- und Umweltkrise ist zu einer menschheitsbedrohenden Gefahr geworden – mit der Folge, dass sich Flüchtlingsströme über den gesamten Erdball bewegen und gleichzeitig Festungen mit neuen Mauern und Stacheldrahtzäunen errichtet werden. Viren machen nicht an den Grenzen von Nationalstaaten Halt, und auch die medizinische Infrastruktur für ihre Bekämpfung kann nur international koordiniert geplant und geschaffen werden. Die Europäische Union muss auch eine Gesundheitsunion werden.

Wenn sich politische Bewegungen dieser Themen nicht in einem globalen Maßstab annehmen, droht sich die weltweit rasant wachsende Ungleichheit noch einmal zu verschärfen. Wie man unter den sich wandelnden Bedingungen die sozialen Errungenschaften erhalten oder sogar noch ausbauen kann, ist die Schlüsselfrage.

> Die Sozialdemokratie hat verlernt, vorhandene Ängste anzusprechen.

Die historischen Volksparteien müssen ihre Rolle in dieser neuen Unübersichtlichkeit erst finden. Die ÖVP probiert es in Österreich mit einem Rückgriff auf Law-and-Order-and-Panikmache-Konzepte und agiert im europäischen Kontext näher an Orbán-Ungarn als an Merkel-Deutschland. Das ist angesichts der globalen Tendenz zum reaktionären Autokratismus – von China über Russland und den Iran bis in die Türkei, selbst in unserer Nachbarschaft mit Ungarn und Polen – eine besonders gefährliche Entwicklung. Angst und Gehorsam mögen sich als parteipolitisches Schmiermittel in der Corona-Krise kurzfristig bewährt haben, sind aber langfristig der sicherste Weg, um die Demokratie auszuhöhlen und sterben zu lassen.

Die Sozialdemokratie hat verlernt, vorhandene Ängste anzusprechen. Von diesen Ängsten gibt es in Zeiten der rasanten Veränderung genug: soziale Abstiegsängste, allgemeine Sicherheitsängste, Verdrängungsängste, Identitätsängste, Ängste um Leib und Leben. Sie sind der Nährboden, auf dem Populismus und Demagogie, Fake News und abstruse Verschwörungstheorien gedeihen können, wie wir es in den letzten Jahren gesehen haben. Die Sozialdemokratie hält jedoch lediglich an dem fest, was sich früher bewährt hat, und ist so zu einer bewahrenden und beharrenden strukturkonservativen Erscheinung geworden. Sie ist keine Bewegung mehr, weil sie sich nicht bewegt und dadurch nichts bewegt.

Was jetzt zu tun ist:

Verantwortungsvolle Politik muss genau das Gegenteil davon tun, als Ängste auszubeuten, wie es die jüngsten Regierungen bei Themen wie Zuwanderung oder Corona fast systematisch gemacht haben. Verantwortliche Politik muss Orientierung, Zuversicht, Halt und Perspektive geben: durch Einbeziehung der Wissenschaft, Transparenz und einem Betonen Österreichs als integralen Teil Europas. Sicherheit darf nicht zur Lachnummer werden, etwa in Form einer chaotischen Heeresreform. Sicherheit war schon in den siebziger Jahren ein Schlüsselwort des SPÖ-Programms.

Die Triade Leistung – Aufstieg – Sicherheit erweist sich im Nachhinein geradezu als prophetisch. Denn auch die Wörter „Leistung" und „Aufstieg" sollten wieder in den Mund genommen werden dürfen, ohne dass man reflexartig des Neoliberalismus bezichtigt wird. Dazu gehört dringend wieder Wirtschaftskompetenz in die Reihen der Sozialdemokratie, und diese Kompetenz darf sich nicht auf Staatsgläubigkeit beschränken. In der Post-Corona-Welt, die sich von den massivsten staatlichen Interventionen seit 1945 erst erholen muss, dürfen die Kräfte des Marktes nicht erstickt werden. Man sollte nach der dringend gebotenen staatlichen Erstversorgung in Form von Liquiditätshilfen den weiteren Verlauf der Corona-bedingten Wirtschaftskrise nicht nach dirigistischen Entscheidungen oder Großplänen ausrichten, sondern ruhig auch den Markt entscheiden lassen.

Ein drittes Gebot in einem Recovery-Plan für die Sozialdemokratie müsste lauten: Rückbesinnung! Bei allem Respekt vor intellektuellen Höhenflügen: Es gilt die grundlegenden Bedürfnisse der Menschen zu erkennen und zu adressieren. Diese Grundbedürfnisse haben sich im Lauf der letzten Jahrzehnte nicht dramatisch verändert: Beschäftigung, leistbares Wohnen, Bildung, Gesundheits- und Altersversorgung sowie Sicherheit, zu der nicht nur physische, sondern auch soziale Sicherheit gehört.

Nicht immer muss das Rad neu erfunden werden. So sollte man den Wohnbau-Förderungsbeitrag, den die Arbeitnehmer zahlen, wieder zweckbinden wie vor 2008, damit er tatsächlich für die Errichtung von sozialen Wohnbauten zur Verfügung steht. Damit wird man viel rascher die gewünschten Effekte erreichen als mit einem Mietpreisdeckel, der – siehe Berlin – zu vielen Absonderlichkeiten geführt hat, nur nicht zur erhöhten Leistbarkeit von Wohnraum.

Am sträflichsten vernachlässigt wurde das Bildungs-
ideal, das die Sozialdemokratie in ihren Anfängen so
stark prägte. Es muss ins digitale Zeitalter transformiert
werden. Vielleicht kann so die dringend notwendige
Aufbruchsstimmung, wie sie für die 1970er charakteris-
tisch war, entstehen.

Geistig muss die Sozialdemokratie ihren alten humanistischen Werten verpflichtet bleiben: Frieden, Freiheit,
Toleranz, Rechtsstaatlichkeit, Demokratie, Achtung der
Menschenrechte, der Marktwirtschaft und der sozi-
alstaatlichen Sicherheit. Diese Werte müssen in einer
Welt der dramatischen technologischen Umbrüche und
globaler Gefahren kompromisslos verteidigt werden
und so auf die lokale Ebene heruntergebrochen werden,
damit jeder Einzelne begreift, dass es sich nicht nur um
Worthülsen handelt.

Im Kern geht es darum, dass keiner zurück- oder
alleingelassen wird, wenn er, in welcher Art auch
immer, vom Schicksal getroffen wird. Wir haben durch
das Corona-Virus viele Tausende solcher Schicksale
gesehen: Menschen, denen über Nacht völlig unverschuldet die Existenzgrundlage weggebrochen ist und
die danach monatelang in den bürokratischen Mühlen
der Regierung aufgerieben worden sind. Menschen in
so prekären Arbeitsverhältnissen, dass sie nicht die
Möglichkeit eines Krankenstands haben und deshalb
wochenlang unerkannt Covid-19-infiziert gelebt und
gearbeitet haben. Menschen, die digital nicht befähigt

waren, bei der Umstellung auf Homeschooling oder Homeoffice mitzuhalten.

Für sie – und für alle, die mit ihnen solidarisch sind – sollte die Sozialdemokratie ein zeitgemäßes Angebot machen.

6.

EUROPA nach Merkel

Zusammenhalt ist wichtiger denn je

Anhänger eines Beitritts Österreichs zur Europäischen Gemeinschaft bin ich, seitdem ich politisch denken kann. Ich erinnere mich an ein Treffen sozialdemokratischer Ökonomen Mitte der 1960er Jahre mit der Parteispitze, bei dem die Wissenschaftler auf einen Beitritt zur Europäischen Wirtschaftsgemeinschaft (EWG), dem Vorläufer der EU, drängten. Realpolitisch war das jedoch unmöglich, weil die Sowjetunion unter Bezug auf den Staatsvertrag dies als „Annexion" bzw. erneuten „Anschluss" an Deutschland gewertet hätte. Nach dem Zusammenbruch der Sowjetunion 1989 hatte sich die Lage verändert, vor der Volksabstimmung über den EU-Beitritt 1994 war ich wie viele andere, die kein politisches Amt innehatten, sehr engagiert und warb – im Unterschied zur damaligen Regierungsspitze – bei Veranstaltungen für den Beitritt. Das Ergebnis, zwei Drittel Zustimmung, kam selbst für uns Befürworter in dieser Deutlichkeit überraschend. Ab 1. 1. 1995 war Österreich Mitglied der Europäischen Union.

Heute ist unbestritten, dass die Integration in den Binnenmarkt, der maßgeblich eine britisch gestaltete Einrichtung war, positive wirtschaftliche Effekte hatte. Österreich zählte zu den größten Nutznießern: Der kumulierte Einkommensgewinn pro Kopf betrug seit dem Beitritt 25 Prozent oder 5.800 Euro pro Jahr, womit wir nach Dänemark und Deutschland an dritter Stelle in der EU liegen.

Der Brexit und die Corona-Krise zwingen uns 25 Jahre nach dem Beitritt, unsere Rolle – und jene der EU auf der Weltbühne – noch einmal gründlich neu zu denken. Wir erinnern uns: In der Finanzkrise 2008 war das Räderwerk internationaler Zusammenarbeit noch weitgehend intakt. Die US-amerikanische und die chinesische Nationalbank agierten abgestimmt mit der Europäischen Zentralbank, um den drohenden Kollaps des Finanzsystems abzuwenden. Allein die Fed stellte Europa Liquiditätshilfen in Höhe von 4.500 Milliarden Dollar zur Verfügung. Es wurde erahnbar, wie die neue Weltordnung, die seit dem Ende des Kalten Krieges in Entstehung begriffen war, künftig aussehen könnte: ein Dreigestirn der größten Wirtschaftsblöcke mit einem Regelwerk, das von der UNO und von der Welthandelsorganisation WTO definiert war.

Doch anders als etwa nach dem Wiener Kongress 1814/15 oder nach dem Zweiten Weltkrieg ist keine dauerhafte Ordnung etabliert worden – im Gegenteil, seit dem Amtsantritt von Donald Trump Anfang 2017 haben wir es mit einer von Jahr zu Jahr größer werdenden Welt-Unordnung ohne Steuerung zu tun, zu der auch China und Russland ihren Teil beigetragen haben und beitragen. Die EU sucht in dieser unübersichtlichen Konstellation noch ihren Platz.

In den ersten Wochen der Corona-Krise war die Union zunächst orientierungslos. Italien schien auf sich allein gestellt zu sein, Hilfslieferungen aus Russland und China waren schneller vor Ort als jene aus EU-Ländern. Wegen der haarsträubenden Fehler der EU-Kommission hatten die

nationalen Regierungen in der Anfangsphase der Pande-
miebekämpfung leichtes Spiel auf ihren jeweiligen Bühnen.
Der ungarische Ministerpräsident Viktor Orbán konnte per
Ermächtigungsgesetz das Parlament vorübergehend außer
Kraft setzen, ohne mit substanzieller Gegenwehr aus Brüssel
oder auch nur mit Kritik aus Österreich rechnen zu müssen.
Die österreichische Bundesregierung erging sich in einer
Serie von Pressekonferenzen, die zunehmend Selbstinsze-
nierungs-Charakter bekamen. Eine der unnötigsten und
lächerlichsten Ideen war, Milizeinheiten an der österreichischen Grenze patrouillieren zu lassen – so als ob dadurch
das Virus dort hätte aufgehalten werden können.

Einen wohltuenden Kontrast boten die Auftritte der
deutschen Bundesregierung: Kanzlerin Angela Merkel war
bemüht, mit wissenschaftlicher Flankierung den aktuellen
Informationsstand und die darauf basierenden Entscheidungen so gut wie möglich verständlich zu machen; man merkte,
dass hier eine studierte Naturwissenschaftlerin am Werk ist.
Sie benannte aber auch die Fehler: „Die ersten Reflexe, auch
unsere eigenen, waren eher national und nicht durchgehend
europäisch", gestand sie in einer Regierungserklärung am
18. Juni ein, in der sie Zusammenhalt und Solidarität beschwor.
Während ringsherum Populismus und Neo-Autoritarismus
regierten, agierte Merkel wie ein Bollwerk der Aufklärung.
Ein zügig geschnürtes Konjunkturpaket in Höhe von 130 Milliarden sendete Anfang Juni starke Signale, dass Deutschland
wirtschaftliche Lokomotive für ganz Europa sein will und
wird. Die Deutschen machten „Wumms", während wir zwar

großspurig einen „Mega-Wumms" verkündeten, der aber nicht mehr als ein „Mega-Plumps" ist.

Bei allem Respekt für die Komplexität einer Situation, in der bei wenig Evidenz weitreichende Entscheidungen zu treffen waren: Im direkten Vergleich mit unserem großen Nachbarn, der in der Pandemiebekämpfung in Summe ähnlich erfolgreich war, ist mir deren Gesamtpaket lieber.

Die Ära der deutschen Langzeitkanzlerin wird 2021 enden, es ist noch nicht abzusehen, wer ihr Nachfolger sein wird – Stand Mitte August 2020 bewerben sich nur Männer – und in welche Richtung dieser das Land führen will. Die für die EU stets tragende Achse zwischen Berlin und Paris, die nach dem Ausscheiden der Briten noch wichtiger geworden ist, hat die CDU-Politikerin zuletzt fast im Alleingang am Leben erhalten, auch wenn es nach außen manchmal anders aussah. Merkels Gegenüber, der französische Staatspräsident Emmanuel Macron, war zwar vielversprechend gestartet und hatte Deutschland in seiner berühmten Sorbonne-Rede 2017 (*Eine Initiative für Europa*) unter Zugzwang gesetzt. Doch je mehr der französische Präsident mit Problemen im eigenen Land zu kämpfen hatte – von den Gelbwesten-Protesten bis zu seiner umstrittenen Strategie in der Corona-Krise –, umso leiser wurde seine europäische Stimme. Wem die Autorität im eigenen Land schwindet, der hat auch außerhalb der eigenen Landesgrenzen weniger Gewicht. Merkel sitzt dagegen nach der Corona-Krise fester im Sattel denn je.

Ihr Nachfolger muss – mit einer deutschen Präsidentin der EU-Kommission an seiner Seite – das europäische Projekt in einer schwierigen Stunde vorantreiben. Dass die Exekutive der Union in der Krise zunächst versagt hat, ist nicht nur Ursula von der Leyen anzulasten. Ebenso wie die Außenpolitik, die Verteidigungspolitik und die Flüchtlingspolitik liegt auch die Gesundheitspolitik in der Zuständigkeit der Nationalstaaten. Die Kommission kann nur das tun, wozu sie durch die Staats- und Regierungschefs legitimiert wird. Dabei ist es geradezu lächerlich zu glauben, ein globales Phänomen wie eine Pandemie könne innerhalb von nationalen Grenzen bekämpft werden.

Das gilt auch für den Kampf gegen das Liquiditätsvirus, das Corona gefolgt ist: Die vielleicht größte Aufgabe der nächsten Jahre ist, die Realwirtschaft wieder in Gang zu bringen. Die bisherigen Hilfsinstrumente von EZB, Europäischer Investitionsbank EIB und dem europäischen Schutzschirm ESM sind zu wenig.

Der deutsch-französische Vorstoß für einen europäischen Recovery Fund in Höhe von 500 Milliarden Euro, von der EU-Kommission auf 750 Milliarden Euro aufgestockt, ging in die richtige Richtung und wurde gut vorbereitet: Sogar der in seinen Jahren als Finanzminister legendär auf Sparsamkeit bedachte deutsche Bundestagspräsident Wolfgang Schäuble hat ihn gemeinsam mit seinem französischen Visavis befürwortet. Ob der dann am EU-Sondergipfel Mitte Juli 2020 gefundene Kompromiss ein „Hamiltonian-Moment" der Union ist, womöglich sogar der erste Schritt in eine europäische Staatlichkeit, bleibt abzuwarten. Alexander Hamilton, der erste Finanzminister der USA, hatte es 1790 geschafft, die Schulden der 13 Kolonien zu zentralisieren und damit eine Fiskalunion ins Leben zu rufen.

Umso ärgerlicher ist, dass Österreich ein besonderer Spaltpilz war. Nach dem Vorstoß von Merkel und Macron wurde eine Allianz von Gegnern dieser groß angelegten Wirtschafshilfe aus dem EU-Budget zusammengetrommelt, zu der neben Österreich die Niederlande, Dänemark und Schweden gehört haben. Diese „Sparsamen Vier" wurden zurecht in weiten Teilen Europas bald als „Geizige Vier" etikettiert. Dem Widerstand dieser Gruppe ist geschuldet, dass in den Bereichen Forschung, Gesundheit und Umweltschutz gekürzt wurde: ein schwerer Rückschlag. Der Kanzler verantwortet damit die weitere Schwächung innovativer Zukunftsbereiche.

> Solidarität bedeutet in dieser Situation nicht Selbstlosigkeit oder Almosen.

Denn mindestens so wichtig wäre gewesen, dass ein solcher großer Wurf mehr ist als das Verteilen von Geldmitteln, sondern als großes europäisches Infrastrukturprogramm mit den Schwerpunkten Bildung, digitale Infrastruktur, Klimaschutz sowie Forschungs- und Innovationsförderung („Horizon Europe") wahrgenommen wird, das vor allem die Herzen der Europäer erreicht. Also werden auch weiterhin die meisten Bewohner der EU-Länder den Namen Hamilton mit dem gleichnamigen Formel-1-Fahrer und nicht mit einem der maßgeblichen US-amerikanischen Staatsmänner verbinden. Darüber hinaus wäre es nötig, ein Pendant zu Chinas Seidenstraßen-Initiative zu entwickeln – mit dem Unterschied, dass es nicht primär einer Ausweitung der eigenen Machtsphäre, sondern der europäischen Selbstbehauptung dienen sollte.

Noch ist der Ausgang der kollektiven Anstrengungen offen. Deutschland hat sich bewegt, deshalb sind die bisherigen Beschlüsse ein großer Schritt. Doch die Kleinkariertheit kleinerer Länder hat das teilweise wieder zunichtegemacht. Wenn Europa in dieser Frage aber nicht zusammenfindet, steht das Schlimmste zu befürchten: der Zerfall der Union, der unweigerlich zum Untergang unseres Wohlstands und unserer Wohlfahrt führen würde. Das Ausscheiden der Briten ist bereits besiegelt, es wird zu einer ökonomischen ebenso wie zu einer nachrichtendienstlichen Schwächung sowohl der EU als auch von Großbritannien führen. Die Gefahr weiterer Exits bleibt latent.

Solidarität bedeutet in dieser Situation nicht Selbstlosigkeit oder Almosen. Es geht um Eigeninteresse: Italien ist nach Deutschland und den USA unser wichtigster Handelspartner. Griechenland, in der Covid-19-Bekämpfung erfolgreich, kommt nach ebenso ernst- wie schmerzhaften wirtschaftlichen Konsolidierungsjahren völlig unverschuldet zum Handkuss, weil seine Tourismuswirtschaft von den internationalen Reisebeschränkungen schwer getroffen ist. Es sollte klar sein: Wenn wir anderen helfen, helfen wir vor allem uns selbst. Auch die Amerikaner haben nach dem Zweiten Weltkrieg ihren erfolgreichen Marshallplan für Europa nicht entwickelt, nur um Samariter zu spielen, sondern vor allem

auch, um den wichtigsten US-Wirtschaftspartner wieder auf-
zupäppeln und damit die eigene Konjunktur zu stärken. Der
Geber des vermeintlichen Geschenks war mindestens ein so
großer Nutznießer wie der Empfänger. Das sollte die Leitli-
nie für das Handeln der europäischen Regierung in der Post-
Corona-Zeit sein.

Wer das nicht versteht, ist letztlich ein Totengräber
Europas. Die vergangenen Monate haben noch stärker
sichtbar gemacht, dass es ein Mehr an europäischer Zusammenarbeit braucht. Von der Zählweise der Covid-19-Toten
bis zu einem verbindlichen Prozedere an den Grenzen – der
Fleckerlteppich machte es den europäischen Instanzen oft
unmöglich, koordinierend einzugreifen. In der Diskussion
über eine Smartphone-App zur Nachverfolgung des Infek-
tionsgeschehens wurde zwar die Interoperabilität innerhalb
von Europa angestrebt, doch die bisher entwickelten Angebote
sind nationale Alleingänge geblieben. Eine wünschenswerte
große europäische Lösung sieht anders aus.

So verhält es sich leider in vielen Bereichen, die entscheidend für unser künftiges Gewicht auf der Weltbühne
sind. Eine freiwillige Selbstverzwergung ist angesichts der
großen demographischen Entwicklungen jedoch potenziell
selbstmörderisch.

Europa ist seit dem Ende des 19. Jahrhunderts als Folge
des Aufstiegs der USA mit einem zunehmenden Bedeutungs-
schwund konfrontiert. Im Jahr 1900 lebten noch 19 Prozent
der Weltbevölkerung in den heutigen Ländern der EU inklu-
sive Großbritannien, derzeit sind es weniger als sieben Prozent,

2050 werden es vier Prozent sein. Stimmen die Prognosen, ist Europa der einzige Kontinent, dessen Bevölkerung bis zur Mitte des Jahrhunderts geschrumpft sein wird; insbesondere Deutschland, Italien und Polen werden „kleiner". Die Europäer werden dann nach Japan und Russland, die schon jetzt eine schrumpfende Bevölkerung haben, mit einem Durchschnittsalter von 50 Jahren die älteste Bevölkerung der Welt stellen.

Vor diesem Hintergrund ist eine Bündelung aller verbliebenen Kräfte wichtiger denn je. Geographisch ist das Projekt überdies noch nicht vollendet. Am Westbalkan treffen sich die Einflusssphären Europas, Russlands, der Türkei und Chinas. Auch die USA mischen im Kosovo mit. Die Einwohnerzahl der Region hat sich seit den 1990ern um rund zehn Prozent verringert, weil die gut Qualifizierten in die EU-Länder abgewandert sind; die Daheimgebliebenen orientieren sich oft wieder stärker Richtung Russland. Daher ist eine rasche und energische Heranführung von Serbien, Montenegro, Mazedonien, Bosnien, Kosovo und Albanien an die Europäische Union wünschenswert. Dazu braucht es auch den politischen Mut, gegen die Populisten in den eigenen Ländern Kurs zu halten. Angela Merkel hat das bisher verlässlich getan, während Macron mit seiner Blockade der Erweiterung im Oktober 2019 innenpolitischem Druck nachgegeben hat.

Ökonomisch sind wir ein Riese, aber politisch ein Zwerg und militärisch ein Wurm geblieben, hat Egon Bahr, einer der führenden Vordenker der deutschen Ostpolitik der 1970er, einmal über Europa gesagt. Agieren wir nicht koordiniert, droht uns auch noch die wirtschaftliche Stärke abhandenzukommen. Es geht um nicht mehr und nicht weniger als die europäische Selbstbehauptung in einer zerrissenen Welt. Wenn wir im nationalstaatlichen Schrebergarten bleiben, ist jeder von uns zum Scheitern verurteilt.

Was jetzt zu tun ist:

Für Österreich ist die Ausgangsposition klar. 25 Jahre nach dem erst so spät möglich gewordenen EU-Beitritt gehören wir wirtschaftlich zu den Hauptprofiteuren der europäischen Integration. Wir sind deshalb gut beraten, einen proeuropäischen, solidarischen Kurs, der den nationalen Egoismus zurückschraubt, zu fahren.

Das gilt auch für unser Verhältnis zu Deutschland. Bei allen Erfolgen der letzten Jahrzehnte, den Außenhandel etwa in Richtung Osteuropa zu diversifizieren, ist Deutschland der mit Abstand wichtigste Handelspartner geblieben. Fast ein Drittel unserer Exporte gehen nach Bayern, Baden-Württemberg & Co. Sowohl von den nationalen Konjunkturprogrammen als auch vom Agieren Deutschlands auf der europäischen Bühne ist das Fortergehen Österreichs und ganz Europas deshalb in hohem Maß abhängig.

Wir sollten deshalb Angela Merkel und ihren Nachfolger aktiv unterstützen, wenn es um die konstruktive Weiterentwicklung des Projekts Europa geht. Als im Juni 2020 sechs Regierungschefs unter Führung Deutschlands Kritik an der unzureichenden Pandemie-Vorbereitung der EU übten, war Österreich bezeichnenderweise nicht dabei – durch die verantwortungslose Aktion der „Geizigen Vier" haben wir uns ins Abseits manövriert.

Gerne pflegen wir das Selbstbild des politischen Brückenbauers, ein Echo des Anspruchs aus dem Zeitalter der Neutralität, zwischen verfeindeten Blöcken zu vermitteln. Das ist lobenswert. Es darf jedoch nicht bedeuten, nur noch zu den Populisten der Welt Brücken zu bauen. Nichts ist etwa gegen regelmäßigen Austausch mit den Ländern der so genannten Visegrád-Gruppe zu sagen, zu der Tschechien, Polen, Ungarn und die Slowakei gehören. Aber Brücken, die ins Nirgendwo der Destruktivität führen, muss man abreißen. Brückenpfeiler sollten nicht jene sein, die sich nationalstaatlich einigeln, sondern jene, die Europa als gut organisiertes und starkes Gebilde zwischen den rivalisierenden Weltmächten USA und China, aber auch gegenüber Russland positionieren wollen.

Denn bei allen großen Fragen wie Klimawandel, Digitalisierung, demographische Veränderungen oder Migration braucht es gesamteuropäische Lösungen; Lähmung durch rivalisierende Splittergruppen mit Partikularinteressen muss vermieden werden. Das hatte nicht nur Alexander Hamilton mit seiner Fiskalunion im Sinn, sondern auch ein anderer US-Gründervater, Benjamin Franklin, als er pointiert formulierte: „We must all hang together, or assuredly we shall all hang separately." Als kleines Land würden wir zu den ersten Gehängten zählen.

7.

WELT(UN)ORDNUNG: China statt USA?

Warum es kein Entweder-oder gibt

Nach China reiste ich das erste Mal in den achtziger Jahren. Die Bank of China hatte die Creditanstalt, deren Generaldirektor ich damals war, als eine ihrer europäischen Korrespondenzbanken auserkoren und mich samt Begleitung eingeladen. Aber bereits bei meinem zweiten Besuch fiel mir dort auf, dass die jungen Frauen zu ihren dunkelgrauen Mao-Anzügen, die wir aus Bildern in den westlichen Zeitungen kannten, nun auch Lippenstift zu verwenden begannen. Beim dritten Mal waren es nicht nur geschminkte Lippen, sondern bereits auch bunte Halstücher. Von Mal zu Mal wurde die Annäherung an den Westen an solchen Äußerlichkeiten sichtbar.

Ich bin in den Jahren und Jahrzehnten danach noch oft in dieses riesige Land gefahren. Irgendwann waren die Straßen da, dann die Autos, dann die U-Bahnen, die Wolkenkratzer in Schanghai, schließlich die gigantischen Brücken und Hochgeschwindigkeitszüge. Es war atemberaubend, das Tempo der Veränderung mitzuerleben.

So wie das 20. Jahrhundert nach einer Zuschreibung des US-amerikanischen Verlegers Henry Luce (*Life*) als amerikanisches Jahrhundert bezeichnet wurde, gilt das 21. Jahrhundert immer wieder als asiatisches, wenn nicht gar als chinesisches Jahrhundert. Für den bevölkerungsreichsten Kontinent als Ganzes mit seinen großen, expandierenden Volkswirtschaften mag das stimmen, für das frühere Reich der Mitte sind jedoch Zweifel angebracht. Amerika sitzt trotz aller politischen Verwerfungen wirtschaftlich auf einem längeren Ast. Und auch Russland mischt weiterhin mit. Es rächt sich, dass der Westen eine Reihe von Versprechen gebrochen hat, etwa die Zusage an Russland im Zuge der deutschen Wiedervereinigung, keine NATO-Osterweiterung vorzunehmen oder den EU-Beitritt der Türkei.

All das trägt dazu bei, die derzeit herrschende Weltunordnung zu vergrößern. Weder werden die Großmachtbestrebungen Russlands durch seine geringe Wirtschaftskraft beschränkt, noch ist der weitere Aufstieg Chinas an die Weltspitze ein Selbstläufer.

Die Entwicklung seit 1978, als Deng Xiaoping an die Macht kam, ist jedoch zweifelsohne eines der großen Wirtschafts-Weltwunder des 20. Jahrhunderts. Die sukzessive Öffnung Richtung Westen wäre ohne das unter US-Präsident Richard Nixon und seinem nationalen Sicherheitsberater Henry Kissinger ab 1971 eingeleitete Tauwetter nicht möglich gewesen. Aber auch die kollektive Ausgelaugtheit der Chinesen nach den Jahren der Kulturrevolution unter Mao spielte bei dieser Strategie, die sich nicht zuletzt gegen die Sowjetunion richtete, eine Rolle. Mit dem Aufbau von Sonderwirtschaftszonen – Versuchslaboratorien des Kapitalismus unter Aufsicht der Kommunistischen Partei Chinas (KPCh) – wurde eines der größten ökonomischen Experimente der Neuzeit angestoßen.

Berühmtheit erlangte die erste dieser Zonen in Shenzhen nahe Hongkong, für die Singapur Vorbild gewesen war. Aus einer ländlichen Region mit 30.000 Einwohnern Anfang der achtziger Jahre ist eine 13-Millionen-Einwohner-Metropole mit dem höchsten Pro-Kopf-Einkommen und gleichzeitig das Silicon Valley Chinas geworden.

Mehr als 40 Jahre mit großteils zweistelligen Wachstumsraten später sind durch den chinesischen Staatskapitalismus je nach Definition 300 bis 700 Millionen Menschen aus bitterster Armut geholt und Richtung Wohlstand bugsiert worden. „Das dramatischste Beispiel in der Geschichte, wie sich die Menschheit verbessert hat", nennt Branko Milanovic, der serbisch-amerikanische Ungleichheitsforscher, die Entwicklung. Der Anteil des Landes an der globalen Wirtschaftsleistung ist von nominell zwei Prozent im Jahr 1978 auf über 16 Prozent im Jahr 2019 gestiegen, obwohl der Anteil an der Weltbevölkerung im selben Zeitraum von 22 Prozent auf unter 19 Prozent gesunken ist.

Das Signal an die Welt war eindrucksvoll. Nach dem wirtschaftlichen Abstieg des Kaiserreichs ab dem 18. Jahrhundert, nach der zwangsweisen Öffnung von außen im Zuge der Opiumkriege zwischen 1839 und 1860 und dem folgenden „Jahrhundert der Demütigung", nach den wirtschaftlichen und politischen Katastrophen und den Bürgerkriegen, in den ersten Jahrzehnten der von Mao Zedong gegründeten Volksrepublik, ist China heute vom Rand wieder ins Zentrum gerückt: ein neues „Reich der Mitte".

Seit dem Amtsantritt von Donald Trump Anfang 2017 ist jedoch die Hoffnung, dass dieser Aufstieg gleichsam organisch und in friedlicher Koexistenz erfolgen könne, erschüttert worden. Die US-Administration hat China zum strategischen Hauptfeind erklärt. Trump brach eine Serie von Handelskriegen vom Zaun. Die Folge war, dass Chinas Außenhandel 2019 erstmals seit Jahrzehnten schrumpfte. Die Importe von Waren aus den USA fielen um 20,9 Prozent auf 122 Milliarden US-Dollar, die Exporte aus der Volksrepublik in die Vereinigten Staaten sanken um 12,5 Prozent auf 418 Milliarden US-Dollar.

Und auch wenn im Jänner 2020 eine Art „Waffenstillstand" – ein bilaterales Übereinkommen, Handelsbarrieren wieder abzubauen – erreicht wurde, ist das US-Wahljahr 2020 wie prädestiniert dazu, weitere antichinesische Ressentiments zu schüren. Die Enthüllung von Trumps gefeuertem Sicherheitsberater John Bolton, der US-Präsident habe sich mit dem paktierten Ankauf von Sojabohnen durch China Wahlkampfhilfe vom Erzrivalen geben lassen, wird Öl ins Feuer dieser Stimmung sein. Und auch die Corona-Krise bietet eine ideale Vorlage dazu.

Es geschieht mit SARS-2 nun bereits das zweite Mal, dass eine Epidemie in China ausbricht. Bei allen propagandistischen Schlachten über die „Urheberschaft" des Corona-Virus ist evident, dass das kommunistische System anfangs versucht hat, Informationen zu unterdrücken. Das ist im Ergebnis nichts anderes als Ischgl – anders als in Tirol war der Treiber in China jedoch nicht Gier, sondern die Angst vor den Zentralbehörden: Wegen Verschleierung wurden die lokalen Chefs der KPCh in der am stärksten betroffenen Metropole Wuhan und der Provinz Hubei entlassen. Sie hatten versucht, das wahre Ausmaß des Dramas zu verheimlichen. Über dieses Versagen in den ersten Wochen nach Auftreten des ersten Falls kann auch die Tatsache nicht hinwegtäuschen, dass mit drakonischen Maßnahmen – vor allem in Wuhan – die Eindämmung vergleichsweise rasch gelang.

> Corona bringt die strukturellen Riesenprobleme Chinas zum Vorschein, die wegen der inneren Widersprüche bereits seit Längerem bestehen.

Nach den wirtschaftlichen Chaosjahren unmittelbar vor 1989 und dem Tiananmen-Massaker ist es nun das zweite Mal seit der Westöffnung unter Deng, dass das Wirtschafts- und Gesellschaftsmodell des 1,4-Milliarden-Einwohner-Landes ernsthaft vor eine Zerreißprobe gestellt werden könnte. Um 6,8 Prozent ist die Wirtschaftsleistung im ersten Quartal 2020 im Vergleich zum Vorjahreszentrum geschrumpft. Für eine Bevölkerung, die mehrheitlich nur steile wirtschaftliche Aufwärtsbewegung und von Jahr zu Jahr mehr Wohlstand kennt, ist das nicht nur psychologisch ein Schock, der die private Konsumnachfrage mittelfristig erheblich beeinträchtigen könnte. Es bringt auch die strukturellen

Riesenprobleme in dem Land zum Vorschein, die wegen innerer Widersprüche bereits seit Längerem bestehen. Laut offiziellen chinesischen Angaben haben rund zehn Prozent der 180 Millionen Wanderarbeiter in den großen Industriezentren wegen der Krise ihre Jobs verloren; tatsächlich dürfte es ein Drittel sein. Viele ziehen zurück aufs Land, weil sie sich das Leben in den Städten nicht mehr leisten können. Völlig unklar ist, ob das Sozialsystem sie auffängt, wenn sie keine Arbeit mehr finden. Da sie nach dem so genannten Hukou-System keine Gemeindebürger sind, haben sie auch keinen Zugang zu öffentlichen Einrichtungen wie Schulen und Krankenhäusern an ihren Arbeitsstätten. Auch der Arbeitsmarkt der Hochqualifizierten ist unter Druck gekommen: Neun Millionen Akademiker suchen in China derzeit einen Job.

Dazu kommt, dass Staatschef Xi Jinping schon in den Jahren davor begonnen hat, den Staatssektor auszuweiten. Laut einem Bericht der Weltbank stieg die Zahl der staatseigenen Unternehmen außerhalb des Finanzsektors von 2008 bis 2015 um 52 Prozent. In ganz China gibt es laut Weltbank 167.000 solcher Staatsunternehmen. In den allermeisten Fällen sind diese Betriebe ineffizient, defizitär und verschlingen Unsummen an Krediten, die sich rasch als faul erweisen. Xi scheint vergessen machen zu wollen, dass China seinen rasanten Aufholprozess vorwiegend ausländischen Firmen und ihren Auslandsinvestitionen sowie dem damit verbundenen Know-how-Transfer verdankt.

Völlig unabhängig davon haben die Erfahrungen der Handelskriege und der Corona-bedingten Lieferketten-Probleme den Ruf danach laut werden lassen, Wertschöpfungsketten wieder stärker nach Europa zu verlagern. Eine generelle Abschottung wäre natürlich schädlich für alle Beteiligten: China ist als Absatzmarkt zu groß und zu entwickelt, um daran vorbeizukommen. Das gilt beispielsweise für die europäischen Autohersteller wie Volkswagen, der Daimler AG oder BMW ebenso wie für den Chemiekonzern BASF und auch für die AT&S, die zwei große Werke in Schanghai und Chongqing betreibt. Aber in einigen Bereichen, in denen wir die Globalisierung übertrieben haben, ist es wichtig und richtig, unabhängiger zu werden, um europäische Souveränität zu erreichen, etwa bei Medikamenten oder Schutzausrüstung.

> **Die Hongkong-Proteste haben westliche Firmen gelehrt, jederzeit das Ziel öffentlicher Ächtung werden zu können.**

Dazu kommen immer größere Bedenken, ob der mit digitalen Mitteln installierte Überwachungsstaat in China auf Dauer kompatibel mit westlichen Werten ist. Wer im staatlichen Sozialkreditsystem zu wenige Punkte erreicht, muss mit Einschränkungen im alltäglichen Leben rechnen, etwa beim Zugang zu sozialen Diensten oder der Arbeitsplatz- und Ausbildungssuche. Für 2021 ist die Einführung eines Social Credit Scores für Unternehmen geplant, eines Belohnungs- und Bestrafungssystems auf Wohlverhaltensbasis.

Schon die monatelangen Hongkong-Proteste im Jahr 2019 haben westliche Firmen gelehrt, jederzeit das Ziel öffentlicher Ächtung werden zu können. Es genügte, seine Stimme für die Protestierenden zu erheben oder die Ein-China-Politik nicht rückhaltlos gutzuheißen, wer Hongkong oder Taiwan als eigene Territorien auf der Homepage auswies, wurde prompt durch die sozialen Medien gejagt. Wer sich jedoch dafür in China entschuldigte, musste die Kritik westlicher NGOs oder Pensionsfonds einstecken. Jörg Wuttke, als Präsident der EU-Handelskammer in Beijing ein langjähriger Promotor der Handelsbeziehungen zwischen Europa und China, hat angesichts dieser Entwicklungen kürzlich angemerkt, die Unternehmen seien in China eine „Geisel der Politik" geworden.

> Nun rächt sich, dass die Volksrepublik trotz einer fulminanten wirtschaftlichen Aufholjagd nach wie vor keine Weltwährung ihr Eigen nennt.

Aus all diesen Gründen wird sich das Tempo, mit dem ausländisches Kapital nach China fließt, deutlich verlangsamen. Wenn als Folge der Covid-19-Krise auch die Binnennachfrage leidet, könnte das für das Land eine länger andauernde Wirtschaftskrise bedeuten. Es zeichnet sich ab, dass der Fahrplan für die ambitionierte Belt-and-Road-Initiative (BRI) – ein von Beijing angestoßenes und finanziertes Sammelsurium an Infrastrukturprojekten zwischen Asien und Europa mit einem Volumen von bisher fünf Billionen Dollar – längst nicht mehr realistisch ist. Die Kredite chinesischer Staatsbanken werden weniger für Schwellenländer in der asiatischen Nachbarschaft denn für die Rettung von Unternehmen im eigenen Land benötigt werden.

BRI hat zudem den Argwohn des Westens geweckt, seitdem klar ist, dass sich hinter dem wohlklingenden Begriff der „Neuen Seidenstraße" der systematische Versuch der chinesischen Regierung verbirgt, immer mehr Länder mit Krediten in die eigene Einflusssphäre zu zwingen, indem sie etwa wie Sri Lanka in eine Schuldenfalle gelockt werden. Das vermeintliche Hilfsprogramm zum Wohle aller hat spalterischen Charakter, etwa durch die so genannte 17+1-Gruppe, in der 17 Staaten Ost- und Südosteuropas mit China kooperieren. Für Irritation hat zudem die weltweite Schutzmasken-Diplomatie in der Corona-Krise gesorgt: Während Hilfslieferungen von Schutzausrüstung nach China in der Frühphase der Epidemie totgeschwiegen wurden, wurde jeder Flug, der mit chinesischen Masken in die Welt hinausging, medial pompös inszeniert.

Nun rächt sich auch, dass die Volksrepublik trotz einer fulminanten volkswirtschaftlichen Aufholjagd nach wie vor keine Weltwährung ihr Eigen nennt. Und solange sie nicht freien Kapitalverkehr zulässt, wird der Renminbi auch kein Äquivalent zum Dollar oder Euro werden. Weil die Folge gewaltige Kapitalflucht wäre, wird es diesen freien Kapitalverkehr auch auf absehbare Zeit nicht geben. Kapitalflucht signalisiert aber immer fehlendes Vertrauen in die eigenen – nicht nur monetären – Verhältnisse. Im Vergleich mit den USA hat China auch in der Bildungsinfrastruktur nach wie vor nicht aufgeschlossen. Mit den US-Eliteuniversitäten wie dem Massachusetts Institute of Technology (MIT), Harvard, Princeton oder Stanford ist allenfalls noch die Tsinghua-Universität in Beijing vergleichbar. Für die an den chinesischen Universitäten Ausgebildeten oder von ausländischen Universitäten Zurückkommenden gibt es nicht genug adäquate Jobs. Die Besten kommen erst gar nicht zurück: Von den neun Wissenschafts-Nobelpreisträgern chinesischer Herkunft waren acht US-Bürger oder wurden kurz nach Erhalt der Auszeichnung eingebürgert.

Wie lange das chinesische Volk angesichts des lahmenden Wachstums die teils drakonischen Maßnahmen ohne Proteste mittragen wird, bleibt eine der Kernfragen. Nur mit autoritärer Politik quasi den Deckel draufzuhalten, hat selbst in der chinesischen Geschichte noch nie funktioniert: Irgendwann geht der Deckel hoch.

Die Hoffnung, dass Trump die Wahlen im November 2020 verlieren wird und es unter einem demokratischen Präsidenten Joe Biden ein Zurück zu einem vergleichsweise harmonischen Verhältnis mit den USA wie unter der Obama-Administration geben wird, könnte überdies trügerisch sein. Zwar würde Biden diplomatischer und eleganter agieren, aber die mit Hillary Clinton begonnene Anti-China-Politik („Pivot Asia") ist in den letzten Jahren so populär geworden, dass sich an der Substanz vermutlich wenig ändern wird. Ein Indiz dafür ist der Auftritt von Nancy Pelosi, der mächtigen Sprecherin des Repräsentantenhauses, bei der Münchner Sicherheitskonferenz im Februar 2020. Am Rande einer Diskussion über die Zukunft der 5G-Technologie meinte die führende Demokratin, eine chinesische Dominanz auf diesem Gebiet zuzulassen sei wie „Autokratie statt Demokratie" zu wählen.

Der chinesische 5G-Ausrüster Huawei steht seit Langem im Zentrum eines erbitterten politischen Tauziehens, und er steht nur als Pars pro Toto für den atemberaubenden Aufstieg von chinesischen Technologieunternehmen wie Alibaba und Tencent, aber auch der nächsten Generation wie dem KI-Unternehmen SenseTime oder dem Kurzvideo-Portal TikTok des Unternehmens ByteDance. Dieser Höhenflug der fernöstlichen Hightech-Firmen, befeuert durch staatliche chinesische Investitionsprogramme und Strategiepläne wie „China 2025", könnte ins Stocken geraten. Trumps Kampf gegen TikTok sowie die Tencent-Plattform WeChat war der Auftakt zu einem heißen Krieg um die Technologien der Zukunft. In Europa mehren sich die Stimmen, die nach einer Reaktivierung der transatlantischen Allianz nach der Trump-Ära rufen. Meinungsumfragen in den USA, Kanada und Europa zeigen trotz aller

Bemühungen Chinas, mehr „Soft Power" zu entwickeln, sinkende Sympathiewerte für das Riesenreich, das binnen vier Jahrzehnten vom Armenhaus zur Supermacht wurde.

Was jetzt zu tun ist:

Europa muss sich auf die eigenen Beine stellen und eine klare Position zwischen den USA und China finden. Wir brauchen beide: die Amerikaner wegen des Sicherheitsschirms, die Chinesen für die Zusammenarbeit in Wirtschaftsfragen ebenso wie in den verbliebenen Institutionen der Weltkoordination wie WHO oder WTO. Diese wechselseitige Abhängigkeit sollte uns nicht davon abhalten, stärker eigenständige Positionen zu entwickeln, vor allem im Hochtechnologiebereich, vom Internet über Cloud bis zu Navigationssystemen.

Henry Kissinger, der legendäre Architekt der gegen die Sowjetunion gerichteten Öffnung Richtung China in den siebziger Jahren, hat schon 2014 mit Bezug auf die amerikanische Position zur Einigung Europas in weiser Voraussicht gemeint: „Von Europa politisch, wirtschaftlich und verteidigungspolitisch abgekoppelt, würden die USA zu einer Insel vor der eurasischen Küste, während Europa zu einem Anhängsel der Weiten Asiens und des Mittleren und Nahen Ostens verkommen könnte."

Das spricht dafür, den Abkoppelungstendenzen sowohl der USA als auch – im politischen und technologischen

Sinn – Chinas entgegenzuwirken. Es ist sinnvoll, die transatlantische Achse zumindest in jenem Maß zu pflegen, in dem sie auch von den US-Machthabern zugelassen wird. Und es ist ratsam, gegenüber China Eigenständigkeit zu signalisieren und rote Linien deutlicher zu markieren. Die EU muss eine einheitliche, kohärente China-Politik entwickeln und darf sich nicht durch in Aussicht gestellte Infrastrukturinvestitionen, etwa im Rahmen der „Neuen Seidenstraße", auseinanderdividieren lassen. Wenn Xi mit den Rechtspopulisten Europas gemeinsame Sache machen will, muss die Antwort der EU klar sein.

Wenn China seine eigenen Unternehmen schützt, aber vollen Zugang zu europäischen Firmen will, muss diese Schieflage benannt werden. Die EU-Kommissarin für Wettbewerb, die Dänin Margarete Vestager, hat die richtigen Worte gefunden, um in den Beziehungen mit China stärker Reziprozität walten zu lassen: „Im Teil Westdänemarks, in dem ich aufgewachsen bin, wurde uns immer gesagt: Wenn du einen Gast zum Abendessen einlädst und er lädt dich seinerseits nicht retour ein, dann hör auf, ihn einzuladen."

8.

UNSERE ZUKUNFT
nach der Krise

Budget und Schulden: Was jetzt zu tun ist

Wenn man als längstdienender Finanzminister der Republik elf Budgets in unterschiedlichsten Kontexten auf den Weg gebracht hat, hört man nicht auf, immer noch mitzudenken. Dann ist jede Budgetpräsentation wieder eine Erinnerung an die eigenen Zeiten: hektische Abstimmungen mit den Spitzenbeamten und der Politik, Ausgleich von anfangs vermeintlich unversöhnlichen Interessen, in Zahlen gegossene Regierungsprogramme.

Die häufigste Frage, die mir angesichts der Hilfspakete und Konjunkturprogramme im Gefolge der Corona-Pandemie gestellt wurde, ist aus einem alten Schunkellied bekannt: „Wer soll das bezahlen, wer hat so viel Geld?" Ob 750 Milliarden Euro aus dem europäischen Recovery Fund oder 130 Milliarden Konjunkturhilfen in Deutschland – die Zahlen sprengen jegliches Vorstellungsvermögen. Viele haben den Eindruck, dass die monetäre Schwerkraft derzeit abgeschafft ist, befürchten aber zugleich, dass wir mit Zeitverzögerung umso härter auf dem Boden der Realität aufschlagen werden.

Ob die Aufnahme von Schulden stabilisierender Zement oder gefährlicher Sprengstoff sind, hängt vom Umfang und vom Zweck der Verwendung ab. Das leichtfertig von der österreichischen Regierung ausgegebene Motto „Koste es, was es wolle!", sofern es denn überhaupt jemals verwirklicht wird, würde sicher Sprengstoff bedeuten. Ich bin daher auch kein Anhänger der Modern Monetary Theory (MMT), die gerade eine Renaissance erlebt und meint, Budgetdefizite seien grundsätzlich vernachlässigbar – MMT hätte nicht einmal die Billigung von John Maynard Keynes gefunden. Augenmaß und Zielorientierung sind mir wichtiger, ich bevorzuge das Motto „Alles, was nötig ist", dieses aber rasch umgesetzt, ausreichend, zeitlich begrenzt und zielorientiert. Die Amerikaner sagen dazu „to prime the pump", was in etwa so viel heißt, wie die Pumpe wieder in Gang zu setzen, wenn die Wassersäule abgerissen ist. Die Kunst ist, die richtige Dosis Wasser einzusetzen. Schon Paracelsus wusste, dass die Frage, ob ein Mittel eine Maßnahme zur Heilung oder Gift ist, von der richtigen Dosis abhängt.

Sparen ist sicher eine Tugend. Sparen bedeutet aber auch Konsumverzicht. Wenn diesem Verzicht nicht Kredite für Investitionen gegenüberstehen, entsteht eine Nachfrage- und in der Folge eine Beschäftigungslücke. Weltweit haben wir bereits seit Längerem eine Ersparnis-Schwemme, aber zugleich ein Investitionsdefizit. Die marode Infrastruktur in weiten Teilen der Welt, in den USA ebenso wie in Deutschland und Österreich, ist ein Beleg für diesen Mangel. Der Investitions- und Innovationsstau muss deshalb gerade in einer Krise mit allen verfügbaren Mitteln gelöst werden. Wenn es heißt, dass man mit Schuldenfinanzierung künftige Generationen belastet, muss man auch darauf hinweisen, dass künftige Generationen die Hauptnutznießer dieser

Investitionen sind. Sie besuchen die Schulen, die jetzt errichtet werden, fahren in den Zügen, für die jetzt die Gleise gelegt werden, surfen in jenen digitalen Netzen, die jetzt gesponnen werden. Solche Investitionen erhöhen in weiterer Folge auch die Produktivität.

Daher beruht die Klassifizierung, Schulden seien ein Laster, auf ökonomischer Unkenntnis und steht gleichzeitig im Widerspruch zur Vorstellung, dass Sparen eine Tugend ist. Sparen und Kreditaufnahme sind zwei Seiten ein und derselben Medaille. Oder anders ausgedrückt: Ein Gemeinwesen, das zu viel Schulden macht, lebt auf Kosten seiner Nachfahren, ein solches, das zu wenig Schulden macht, tut zu wenig für seine Nachkommen.

Schulden muss man sich allerdings leisten können, sie also bedienen können. Das ist dann der Fall, wenn das Wachstum höher ausfällt als die Zinsbelastung. Bei derart niedrigen Zinsen wie heute ist das vergleichsweise leichter zu erreichen als in Zeiten wesentlich höherer Zinsen wie etwa in den siebziger Jahren. Österreich hat sich trotz günstiger Umstände im letzten Jahrzehnt nicht gerade als Musterschüler hervorgetan. Während Deutschland, die Schweiz oder die Niederlande diese Jahre genutzt haben, um Budgetüberschüsse zu erzielen, haben die sieben ÖVP-Finanzminister seit 2010 den „windfall profit" von 62 Milliarden Euro Zinsenersparnis irgendwo versickern lassen. Selbst bei guter Konjunktur haben sie Defizite eingefahren. Seit 2000 haben sich die Staatsschulden von 140 auf 290 Milliarden mehr als verdoppelt.

Natürlich gilt es darauf zu achten, die vertretbaren Grenzen der Überschuldung nicht zu überschreiten und die aufgenommenen Mittel nicht für wenig sinnvolle Vorhaben zu verwenden. Beispiele dafür gibt es in der Finanzgeschichte viele. Die Griechenland-Krise vor zehn Jahren, die mit der EU-Troika auf denkbar schlechte Weise behandelt wurde, ist ein Beispiel dafür.

In der öffentlichen Meinung ist es als Finanzminister vielleicht populär, einen Sparefroh zu mimen. In Deutschland ist die „schwäbische Hausfrau" zum Ideal für sparsames Wirtschaften geworden. Er habe privat noch nie ein Minus am Konto gehabt, ließ der aktuelle, ansonsten sehr erinnerungsschwache österreichische Finanzminister bei seinem Amtsantritt wissen. Die Botschaft ist klar: Wie im persönlichen Bereich, so soll es auch im öffentlichen Bereich gehalten werden. Nicht mehr ausgeben als einnehmen, das ist das Ziel. Mikroökonomisch mag das sinnvoll sein, makroökonomisch ist es Unsinn. Es ist übrigens ein Verdienst von MMT, das wieder stärker heraus gearbeitet zu haben, etwa im durchaus lesenswerten Buch *The Deficit Myth* von Stephanie Kelton.

Aber was, wenn die Zinsen steigen? Werden wir dann von den jetzt aufgehäuften Schuldenbergen erdrückt? Tatsächlich haben wir seit den achtziger Jahren, seit der damalige US-Notenbankchef Paul Volcker die überbordende Inflation eingedämmt hat – worauf eine dreißig Jahre während Great Moderation folgte, also eine Periode geringer Konjunkturschwankungen –, in den westlichen

Staaten eine extrem geringe Inflation. Doch das ist sicher kein Naturgesetz, sondern hängt vom gesamten Umfeld und der entsprechenden Wirtschafts- und Finanzpolitik ab. Die Periode historisch niedriger Zinsen kann auch enden, dieses Risiko sollte nicht außer Acht gelassen werden.

Gegenwärtig halte ich es für sehr unwahrscheinlich, dass das in den nächsten Jahren passieren wird. Das gilt auch für eine von manchen erwartete deutlich höhere Inflation. Wir sehen seit dem Beginn der Corona-Krise zwar in Einzelbereichen immer wieder Preisausschläge, etwa bei so unterschiedlichen Gütern wie Eisenerz oder Rindfleisch. Das jedoch sind fast immer die Effekte kurzfristig aufgetretener Lieferschwierigkeiten. Dass es eine generelle Inflation geben wird, ist vorerst nicht zu erwarten. Das wirtschaftliche Loch, in das wir durch die Pandemie gestoßen werden, ist so tief, dass eine Überhitzung durch die Konjunkturmilliarden extrem unwahrscheinlich ist. Im Gegenteil, es wird lange dauern, bis wir wieder das Niveau von 2019 erreicht haben. Die wichtigsten Notenbanken – die Fed in den USA, die EZB, die japanische, englische und Schweizer Zentralbank – werden deshalb höchstwahrscheinlich bei ihrer Niedrigzinspolitik bleiben. Die Lohnabschlüsse der nächsten Jahre werden zudem nur bescheiden sein können.

Aus all diesen Gründen war ich als Finanzminister immer sorgsam im Umgang mit Staatsschulden. Kreditaufnahmen mussten mit der allgemeinen Wirtschaftssituation koordiniert und für wichtige Zukunftsprojekte verwendet werden. So ist auch der berühmte Ausspruch von Kreisky zu verstehen: „Ein paar Milliarden mehr Schulden bereiten mir weniger schlaflose Nächste als hunderttausend Arbeitslose." Meine ersten vier Budgets sowie der Staatssaldo insgesamt wiesen Überschüsse auf. Als Folge des Ölschocks 1973 trat 1975 weltweit eine Schrumpfung der Wirtschaft ein, sodass es galt, die eingetretene Stagflation und die Gefahr der Arbeitslosigkeit zu bekämpfen. Schon 1978 begannen wir, dem gestiegenem Leistungsbilanzdefizit, das nicht zuletzt von dem sprunghaft angestiegenen Erdölpreis verursacht wurde, mit einem Maßnahmenpaket zur Sicherung der Hartwährungspolitik zu begegnen. Ein Konsolidierungskurs, den wir bis 1981 erfolgreich umsetzten.

Nichts anderes müssen heute Regierungen weltweit tun, um den Corona-Schock und seine Folgen zu bewältigen. Eine zu Boden gebrachte Wirtschaft liegen zu lassen, käme ökonomisch, gesellschaftlich und politisch noch teurer zu stehen. Kreisky hatte mit seinem Ausspruch in der Essenz Recht.

> Die Verschuldung von damals ist ein Klacks gegenüber dem, was die Finanzminister ab 2000 an Schulden aufgehäuft haben.

Dennoch gibt es einen wichtigen Unterschied: Während die Milliarden heute vorwiegend dazu dienen, einen Kollaps der Wirtschaft zu verhindern, wurden die Schulden in den siebziger Jahren überwiegend aufgenommen, um Investitionen in die Zukunft zu tätigen, und das bei deutlich geringerer

Steuerbelastung. Durch die eingeleitete Hartwährungspolitik haben wir die Wirtschaft unter Innovations-Zugzwang gesetzt. Der Charakter der Verbindlichkeiten war somit gesünder; derzeit ist die Zukunftsorientierung der Verschuldung lediglich eine Absichtsbekundung.

Obendrein ist die Verschuldung von damals ein Klacks gegenüber dem, was die Finanzminister ab 2000 an quantitativen und qualitativen Schulden aufgehäuft haben. Ende 1980 lag die Staatsschuldenquote bei 35,3 Prozent. Ende 2019 über 70 Prozent.

Wir haben in diesem Buch aufgezählt, wofür es sich lohnt, auch in der aktuellen Situation Schulden aufzunehmen: Digitalisierung, Bildung, Klimaschutz, Bundesheer, Justiz, Bahn-Nahverkehr, auf europäischer Ebene sicher auch Highspeed-Schienennetze, Forschung und Technologie. Dies mit Investitionen in einem rasch umsetzbaren Konjunkturprogramm zu kombinieren, um rasch Aufträge zu vergeben und Nachfrage zu schaffen, wäre in vielerlei Hinsicht wünschenswert.

Wenn wir mit Schulden schon moralisieren, sollten wir uns an der Bibel orientieren. Das Alte Testament hält fest, der Kreditgeber solle die Verantwortung dafür übernehmen, dass der Kreditnehmer den Kredit auch zurückzahlen kann. So gesehen waren die so genannten Subprime-Kredite, die US-Banken in den nuller Jahren an Schuldner geringster Bonität („no job, no income, no asset") vergaben, eine Sünde, die direkt in die Finanzkrise ab 2008/09 führte – sicherlich ein grobes Versagen der Finanzwirtschaft, die sich, von der

Realwirtschaft abgekoppelt, zu einem Riesencasino entwickelt hatte.

Die seit Jahren zu beobachtende Tendenz Chinas, Staaten in Asien oder Afrika mit vermeintlich großzügigen Krediten in eine Abhängigkeit zu manövrieren, ist ähnlich kritisch zu sehen. Grundsätzlich bieten auch hier die heiligen Schriften einen Ausweg: Die Tora gebietet, dass die Israeliten alle 50 Jahre ihren untergebenen Volksangehörigen einen vollständigen Schuldenerlass gewähren. Im christlichen Vaterunser heißt es „Vergib uns unsere Schuld, wie auch wir vergeben unseren Schuldigern". Das kann auch ökonomisch gedeutet werden.

Ebenso großes Kopfzerbrechen muss der heutigen Generation von Finanzministern jedoch die Aufgabe bereiten, das gesamte Steuersystem so umzustellen, dass die großen Zukunftsthemen bewältigt werden können. Der Plattformkapitalismus und der Klimawandel werden uns im neuen Jahrzehnt schlicht dazu zwingen, und die Finanzierungsfrage des Sozialstaats der Zukunft ist nach wie vor ungelöst.

Im Agrarzeitalter war der Ertrag vom Acker der Anknüpfungspunkt der Besteuerung, im Industriezeitalter waren es die riesigen Industrieanlagen mit ihren rauchenden Schloten und der Massenbeschäftigung, ergänzt um die Finanzierungserfordernisse zum Ausbau der sozialen Sicherheit eines erfolgreich gestarteten Wohlfahrtsstaates, Stichwort Lohnnebenkosten. Im digitalen Zeitalter muss die erfolgreiche Plattformökonomie zur Besteuerungsquelle werden. Das ist aber, ebenso wie bei den gegen den Klimawandel zu setzenden Maßnahmen, nur in einem globalen Kontext möglich.

Steuern sind die Zwangseinnahmen, um die Aufgaben des Staates bewältigen zu können. Zugespitzt hat schon Thomas von Aquin im 13. Jahrhundert gesagt, Steuern seien legaler Raub oder Raub ohne Sünde. Adam Smith hat 1776 seine vier Steuergrundsätze des modernen Staats postuliert, die noch immer gültig sind: Gleichmäßigkeit (equality), Bestimmtheit (certainty), Bequemlichkeit (convenience) und Billigkeit (economy).

Diese Abgaben bedürfen aber auch der Einsicht der Steuerzahler für die Notwendigkeit und sinnvolle Verwendung, um die notwendige Akzeptanz zu erreichen. Die verpflichtende Einführung von Registrierkassen in Österreich 2017 – im Volksmund auch Resignierkassen genannt – war das Gegenteil davon, auch weil damit alle Steuerpflichtigen unter den Generalverdacht der Hinterziehung gestellt wurden.

> Generell ist es gefährlich, Steuern für Lenkungsaufgaben heranzuziehen.

Nicht vergessen werden darf nämlich wer am Ende die Steuerlast trägt: Nicht der Supermarkt liefert die Mehrwertsteuer an den Finanzminister, sondern der Konsument, der dort einkauft („Steuerinzidenz"). Der Supermarkt liefert sie nur dem Finanzmarkt ab.

Generell ist es gefährlich, Steuern für Lenkungsaufgaben heranzuziehen. In erster Linie dienen sie, um Einnahmen für den Staat zu generieren, damit dieser seine Aufgaben erfüllen kann. Nur im Ausnahmefall ist es vertretbar, sie als Instrument einzusetzen, mit dem bestimmte Wirkungen erreicht werden sollen. Eine solche Ausnahme könnte sicherlich eine entsprechend ausgestaltete CO_2-Steuer sein. Aber in der Regel ist es sinnvoller und billiger, gewünschte Lenkungsergebnisse durch gezielte Direktförderungen vorzunehmen.

> Durch ideologische Scheindebatten wie jene über die Vermögenssteuer werden systematische Überlegungen erschwert.

Diese dringend notwendigen Neukonzeptionen werden in der Alltagsdiskussion häufig überlagert vom Ruf nach Vermögenssteuern, neuerdings auch gerne Millionärssteuern genannt. Ich werde oft gefragt, warum ich als Sozialdemokrat nicht stärker danach rufe. Die Kosten der Krise, heißt es, dürften nicht allein von den Arbeitnehmern geschultert werden; man müsse auch die Vermögenden zur Kasse bitten. An diesem Punkt meldet sich verlässlich der Wirtschaftsmensch in mir. Angesichts einer Rekordsteuerbelastung kann man mit neuen Abgaben, die das Wirtschaftswachstum behindern, nur negative Effekte auslösen. Vielmehr geht es darum, die so genannten Strömungsgrößen der Wirtschaft in Bewegung zu bringen und nicht bloß Bestandsgrößen umzuverteilen. Strömungsgrößen, das sind etwa Investitionen, denen Bestandsgrößen wie Vermögen gegenüberstehen. Nur aus den Strömungsgrößen, aus deren Dynamik heraus, wird es wieder Beschäftigung, Einkommen, Wachstum, Wohlstand geben – und damit die Grundlagen für die Finanzierung des Wohlfahrtsstaates.

Oder anders formuliert: Wer den Acker besteuert, schmälert die Grundlage des Wirtschaftens. Besser ist es, den Ertrag und damit den Nutzen zu besteuern. Hauptaufgabe von Abgaben ist die notwendige Mittelbeschaffung, was in einer Gesellschaft der Masseneinkommen nur durch Massensteuern erreicht werden kann. Gerade in einer Phase der Rezession geht es um eine Aktivierung der Strömungsgrößen, nicht um eine Schmälerung der Bestandsgrößen. Dass bei der Vererbung von Immobilien die Grunderwerbssteuer anfällt, somit eine indirekte Erbschaftssteuer, sollte bei dieser Gelegenheit wieder einmal in Erinnerung gerufen werden.

Durch ideologische Scheindebatten wie jene über die Vermögenssteuer werden systematische Überlegungen jedoch erschwert. Seit einem Jahrzehnt präsentieren Bundesregierungen zudem die jeweils „größte Steuerreform aller Zeiten", doch heraus kommt stets eine noch kompliziertere, höhere Belastung. Die kalte Progression – das automatische Hineinrutschen in höhere Steuerstufen aufgrund der Inflation – ist dagegen geblieben, obwohl die Abschaffung versprochen worden war.

Das vom Regierungschef vollmundig verkündete Ziel, Österreich werde „wirtschaftlich besser durch die Krise kommen als andere Länder", wird leider auch deshalb scheitern, weil es steuerpolitisch falsch aufgezäumt ist. Die diversen zeitlich begrenzten Senkungen der Mehrwertsteuer sind lächerlich und nur mit hohem Aufwand zu administrieren. In Erinnerung werden zwei unterschiedliche Steuersätze für Leberkässemmeln bleiben, je nachdem, wo man sie erwirbt – und nicht der konjunkturbelebende Effekt dieser Maßnahme.

Was jetzt zu tun ist:

Damit die doppelte Krise zum 75. Geburtstag der Zweiten Republik keine Dauerkrise wird, gilt es schnellstmöglich die beschlossenen Corona-Hilfen tatsächlich auszuzahlen und dafür zu sorgen, dass endlich ein rasch wirksames, massives Konjunkturpaket aufgesetzt wird. Es nützt nichts, wenn wir die drohenden Verwerfungen am Arbeitsmarkt durch Kurzarbeit ohne Arbeit verschleiern. Wir müssen Arbeit schaffen, daher sollte dieses Konjunkturprogramm mit zumindest 15 Milliarden Euro dimensioniert sein. Ich fürchte, es wird in Österreich, sollte es denn kommen, um Monate zu spät kommen – Deutschland hat sein 130-Milliarden-Euro-Paket schon im Juni geschnürt.

Wie wir in den letzten Jahrzehnten in Österreich gesehen haben, sind wir in vielen Bereichen zwar

Ankündigungsweltmeister geworden, aber oft Umsetzungszwerge geblieben – wenn das auch bei der Pandemie-Krisenbewältigung der Fall sein sollte, wird es viel menschliches Leid verursachen.

Die Blutung zu stillen und den Kreislauf wieder in Schwung zu bringen, ist aber nur das eine. Mit einem umfassenden Modernisierungsprogramm in Höhe von mindestens zehn Milliarden Euro, das die großen Zukunftsthemen des Landes adressiert, muss auch die Laufrichtung neu definiert werden. Um welche Themen es dabei geht – Bildung, Kampf gegen den Klimawandel, Digitalisierung, Berücksichtigung der demographischen Veränderungen – sollte klar geworden sein.

Wenn die zig Milliarden Euro aus den Hilfsprogrammen so investiert werden, dass sich Wirtschaft und Gesellschaft nicht nur wieder bewegen können, sondern auch in die richtige Richtung unterwegs sind, dann kann man ruhig bei Kreiskys berühmtem Spruch Anleihe nehmen: Ein paar Milliarden mehr Schulden bereiten mir weniger schlaflose Nächte als Millionen Menschen ohne Halt und Perspektive.

Literatur

Hannes Androsch: *Das Ende der Bequemlichkeit. 7 Thesen zur Zukunft Österreichs*, Brandstätter 2013.

Hannes Androsch, Bernhard Ecker, Heinz Fischer (Hg.): *1814 – 1914 – 2014. 14 Ereignisse, die die Welt verändert haben*, Brandstätter 2017.

Hannes Androsch, Peter Pelinka (Hg.): *Zukunft erkennen und gestalten*, Brandstätter 2018.

Hannes Androsch, Johannes Gadner, Bettina Poller (Hg.): *Europa vor der Entscheidung. Warum ein geeinter Kontinent unsere Zukunft ist*, Brandstätter 2019.

Kerry Brown: *Die Welt des Xi Jinping. Alles, was man über das neue China wissen muss*, S. Fischer 2018.

Philip Coggan: More. *A History oft he World Economy from the Iron Age to the Information Age*, PublicAffairs 2020.

Wolfram Elsner: *Das chinesische Jahrhundert. Die neue Nummer eins ist anders*, Westend 2020.

Peter Frankopan: *The Silk Roads. A New History of the World*, Bloomsbury 2015.

Sigmar Gabriel: *Mehr Mut! Aufbruch in ein neues Jahrzehnt*, Herder 2020.

Markus Gürne, Bettina Seidl: *Der Wirtschaftsvirus. Wie Corona die Welt verändert und was das für Sie bedeutet*, Econ 2020.

Richard Haass: *The World. A Brief Introduction*, Penguin 2020.

Clive Hamilton, **Mareike Ohlberg**: *Die lautlose Eroberung. Wie China westliche Demokratien unterwandert und die Welt neu ordnet*, DVA 2020.

Wolfgang Hirn: *Shenzhen. Die Weltwirtschaft von morgen*, Campus 2020.

Wolfgang Ischinger: *Welt in Gefahr. Deutschland und Europa in unsicheren Zeiten*, Econ 2018.

Stephanie Kelton: *The Deficit Myth. Modern Monetary Theory and the Birth of the People's Economy*, PublicAffairs 2020.

Ivan Krastev: *Ist heute schon morgen? Wie die Pandemie Europa verändert*, Ullstein 2020.

Ian Morris: *Beute, Ernte, Öl. Wie Energiequellen Gesellschaften formen*, DVA 2020.

Julian Nida-Rümelin: *Über Grenzen denken. Eine Ethik der Migration*, Edition Körber 2017.

Richard Rhodes: *Energy. A Human History*, Simon & Schuster 2018.

Michael Schuman: *Superpower interrupted. The Chinese History of the World*, PublicAffairs 2020.

Martin Sprenger: *Das Corona-Rätsel. Tagebuch einer Pandemie*, Seifert 2020.

Daniel Stelter: *Coronomics. Nach dem Corona-Schock: Neustart aus der Krise*, Campus 2020.

Liebe Leserin, lieber Leser!
Hat Ihnen dieses Buch gefallen?
Wollen Sie weitere Informationen zum Thema?
Möchten Sie mit dem Autor in Kontakt treten?
Wir freuen uns auf Austausch und Anregung!

Christian Brandstätter Verlag GmbH & Co KG
Wickenburggasse 26
1080 Wien
E-Mail: leserbrief@brandstaetterverlag.com
Tel: (0043) 1 512 15 43-256
Wir sagen Danke.
Bleiben wir in Verbindung!

Lassen Sie sich inspirieren!
Gute Geschichten, schöne Geschenkideen auf
www.brandstaetterverlag.com

TEILEN MACHT GLÜCKLICH
facebook.com/Brandstaetter.Verlag

1. Auflage
Alle Rechte vorbehalten
Copyright © 2020 by Christian Brandstätter Verlag, Wien
Designed in Austria, printed in the EU.

ISBN 978-3-7106-0465-2

Covergestaltung: Peter Manfredini
Satz: Burghard List
Lektorat und Projektleitung Brandstätter Verlag: Stefan Schlögl